RACHEL MAIA

Copyright da presente edição © 2021 by Editora Globo S.A.
Copyright © 2021 by Rachel Maia

Todos os direitos reservados.
Nenhuma parte desta edição pode ser utilizada ou reproduzida — em qualquer meio ou forma, seja mecânico ou eletrônico, fotocópia, gravação etc. — nem apropriada ou estocada em sistema de banco de dados sem a expressa autorização da editora.

Texto fixado conforme as regras do Novo Acordo Ortográfico da Língua Portuguesa (Decreto Legislativo nº 54, de 1995).

Editor responsável: Guilherme Samora
Editora assistente: Gabriele Fernandes
Revisão: Patricia Calheiros e Ariadne Martins
Fotos de capa e quarta capa: Cauê Moreno
Beleza: Luysa Satyro
Cabelo: Camila Becca
Capa: Guilherme Francini
Projeto gráfico e diagramação: Douglas K. Watanabe

CIP-BRASIL. CATALOGAÇÃO NA PUBLICAÇÃO
SINDICATO NACIONAL DOS EDITORES DE LIVROS, RJ

M188m

    Maia, Rachel,
        Meu caminho até a cadeira número 1 / Rachel Maia. — 1. ed. — São Paulo: Globo Livros, 2021.

        Apêndice
        ISBN 978-65-86047-60-8

        1. Maia, Rachel. 2. Empresárias — Biografia — Brasil. I. Título.

21-68647
                                              CDD: 926.580981
                                              CDU: 929:658(81)

Camila Donis Hartmann — Bibliotecária — CRB-7/6472

1ª edição — Março/2021

Editora Globo S.A.
Rua Marquês de Pombal, 25
Rio de Janeiro, RJ — 20230-240
www.globolivros.com.br

RACHEL MAIA

MEU CAMINHO ATÉ A CADEIRA NÚMERO 1

GLOBOLIVROS

Dedico estes capítulos de minha história à minha mãezinha amada, dona Preta, e a meu pai, seu Antônio, que me ensinaram a respeitar o próximo e a sempre andar de cabeça erguida — tanto nos momentos felizes quanto nas adversidades.

Aos meus seis irmãos, Iolanda, Sandra, Márcia, Léo, Silvana e Evaldo, sempre prontos a me apoiar e a respeitar minhas escolhas.

Aos meus filhos tão amados, Sarah Maria e Pedro Antônio, tesouros da minha vida. Com eles e por eles, sou muito agraciada e abençoada por Deus.

Por fim — e não menos importante —, às minhas amigas, aos meus amigos e aos familiares que me apoiam nesta jornada.

Minha devoção especial a Nossa Senhora e a São Miguel Arcanjo. Obrigada, meu Deus, pelo dom da vida!

Sumário

Introdução 8

Gostar de pessoas é essencial 12
Correr riscos é necessário 16
Desenvolva pessoas 20
Exigir dedicação sem medo de errar 24
Aluna da média e o desejo de mudar 30
Curtindo a vida adoidado 34
A vontade de evoluir 38
Só o verbo *to be* 42
Mãe Coragem 48
O tamanho do problema 52
Agregadora... 58
... mas exigente 64
O que me faz uma profissional desejada 66
Talentos 70
De volta à faxina 76
O mercado de luxo 80
Sentindo arrepios 84
A força das mulheres 88
Mãe 94

Contando para a família 98
O nascimento 102
O retorno ao trabalho 108
A grande virada em minha vida 114
Sarah é dona de sua própria história 118
Preconceito existe? 122
Eu gosto é de cores! 130
O valor do tempo 132
O fortalecimento de uma marca 138
Prata é joia, sim 142
Uma cara para a marca 144
Tem que ser de verdade 148
Capa de revista 152
Yes, we can! 158
Quando eu choro 162
Um tempo para mim 166
É fundamental ouvir e ter mentores 170
Me desculpe, eu estava errada 174
Fofoca é tóxica. Cuidado! 178
Separando as coisas 182
Saber se posicionar é muito importante 186
Provando meu ponto e a relevância da segurança do discurso 190
Qual a primeira impressão que você passa para o mundo? 194
Celebre suas vitórias 198
Centrada 200
A chegada de Pedro 204
Pés no chão: a família 208
O fim e os recomeços 214
O que me move 218

Posfácio 224

Apêndice 226
 Agregar pessoas 228
 Respeitar o diferente 229
 Chegar perto 230
 O que deve ser dito 231
 Organização é um caminho para o sucesso 232
 Não dá para prever tudo o tempo todo 233
 Tudo bem ter dúvidas 234
 Mudar o método 235
 Correr riscos 236
 Não ter medo de: pedir desculpas, pedir ajuda e admitir que errou 237
 Transmitir segurança em sua fala e em sua postura 238
 A importância dos trinta primeiros minutos 239
 Dar os créditos 240
 Cadeira não tem gênero nem cor. É preciso ter alma 241
 Vivemos em um mundo cada vez mais conectado 242
 Saber adequar expectativas e planejamentos 243
 Recomeçar sem medo e sem vaidade 244
 O equilíbrio entre o pessoal e o profissional 245
 Viver, beijar na boca e passar tempo com quem ama 246

Introdução

Quando comecei a escrever este livro, entendi uma coisa: não dá para falar da profissional executiva sem falar da filha, da mãe, da mulher. Não consigo separar essas esferas da vida. Todas elas fazem parte de minha formação, de meu caráter. Esta é a minha história.

Como mulher de pele preta, ao atuar na posição de *chief executive officer* (CEO), representei 0,4% no universo corporativo de empresas globais no Brasil. Foram meus sonhos que me trouxeram até aqui. Planejei e pratiquei muito a resiliência para concretizá-los. E tenho trilhado caminhos desafiadores. Perdi a conta do número de vezes que me olharam atravessado por ocupar um espaço onde predominava o padrão de pessoas brancas. Já fui questionada por estar em uma mesa rodeada de CEOs globais, homens, em sua grande maioria brancos. Já me disseram "o trabalho foi muito bem executado, nem parece de uma mulher", como se fosse um elogio. Mas a verdade inquestionável é que cheguei a esse universo corporativo e me sentei na cadeira de CEO pelas minhas qualificações como mulher de pele preta e de origem familiar bem humilde. Tenho o sangue dessa família correndo nas veias e não vou negar. Aliás, não quero negar.

Já quebrei a cara muitas vezes. No início, minha primeira formação no ensino superior foi concluída em uma faculdade que não era das mais consideradas pelas grandes corporações globais. O que me fez sentar em uma cadeira majoritariamente ocupada por homens tem a ver com minha história. Esta que comecei a dividir aqui com você.

Para que eu mesma entendesse melhor a Rachel Maia filha, mãe, mulher e executiva, precisei da ajuda de familiares, amigos, colegas e parceiros. E seus depoimentos aparecerão no decorrer deste livro.

Escrevo esta obra para todas as pessoas. Acredito na humanidade, na diversidade deste mundo, que deve se tornar mais inclusivo, no sentido mais amplo da palavra. Acredito na complexidade e na força das mulheres. E, como mulher, executiva, negra, crente em Deus e criada na periferia da zona sul de São Paulo, me coloco nestas próximas páginas de maneira absolutamente genuína e diversa. Diversidade que também a vida deve ter — e muito além da cor da minha pele.

Gostar de pessoas é essencial

Sempre gostei de gente. Desde pequena. Fui criada com seis irmãos, pai, mãe, muitos tios e tias — nove, tanto do lado da minha mãe quanto do lado do meu pai. Ou seja, sempre tinha muita gente em casa. Acho que a minha memória afetiva mais antiga vem das festas da casa da minha avó materna, dona Celina Maria. Imagine: ela teve nove filhos, e minha família é festeira. Estou falando de Natal, Páscoa, aniversários e Ano-Novo, mais de quarenta anos atrás, em uma casa cheia de pessoas falando alto e comendo hortaliças como couve e cheiro-verde colhidas na pequena horta do quintal. Galinhas e porcos eram criados no fundo do terreno, nos cercadinhos feitos com capricho por meu pai e cuidados por minha mãe. Tudo isso acontecia no bairro de Jordanópolis, no extremo sul da cidade de São Paulo, sentido Parelheiros.

Ainda sinto a felicidade daquela menininha que eu era, me preparando para as festas. Éramos vizinhos de muro da minha avó. Do outro lado, a vizinha era a minha tia Custodia, irmã do meu pai, o seu Antônio. Ou seja, metade do quarteirão fazia parte da família. Todo mundo que chegava de Minas Gerais, de onde vieram meus pais, de certo modo se estabelecia nas redondezas. Assim, acabou sendo natural que as festas reunissem a grande família. Tudo era muito divertido. Funcionava naquele velho esquema do "cada um leva um prato e algumas bebidas". Mas minha avó sempre preparava o pernil e o tutu, tradição mineira. Só de pensar, me dá água na boca. Fazíamos festas deliciosas, sempre com um bom sambinha. Havia muito Martinho da Vila, Bezerra da Silva e Clara Nunes. Para arrematar tudo, minha avó encerrava as comemorações com seu tradicional biscoito de polvilho frito. Nossa, que delícia! A quantidade de comida era enorme, e a devoção da minha avó para fazer a alegria daquelas pessoas movia todos. Além dos parentes de Minas Gerais, recebíamos os do Rio de Janeiro. E a festa durava três, quatro dias. Os convidados ficavam por ali, dormiam pelo chão ou nas casas mais próximas. A bagunça era garantida, assim como a felicidade, sentimento que até hoje volta à memória com muito saudosismo.

Então, ao olhar com atenção para trás, posso ver de onde surgiu a semente da Rachel Maia que me tornei hoje. Levei para a vida aquele aprendizado todo. Não é à toa que acredito nas pessoas, no material humano e na velha máxima de que a união faz a força — afinal, #juntossomosmaisfortes.

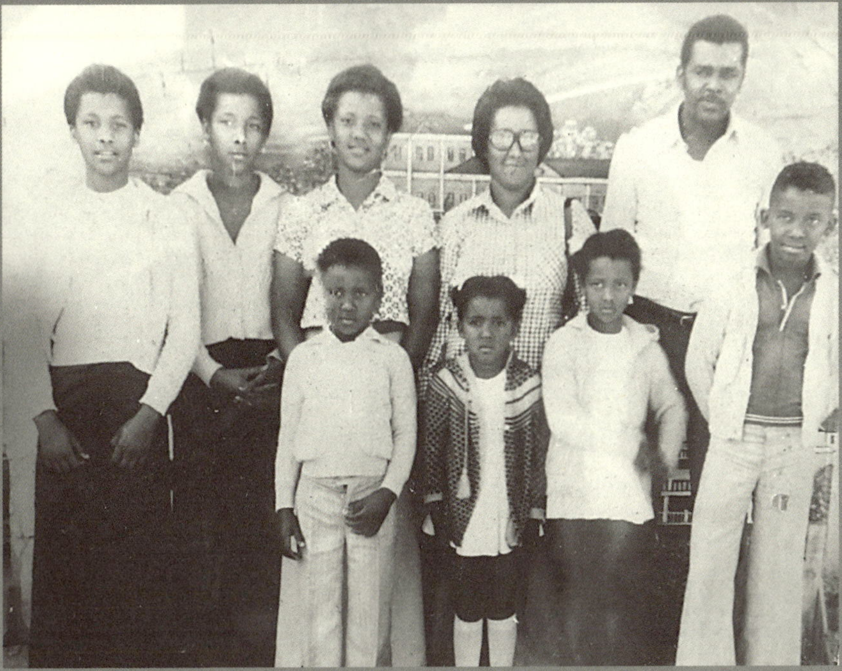

Fotos: arquivo pessoal

Foto antiga da família: amor e orgulho.

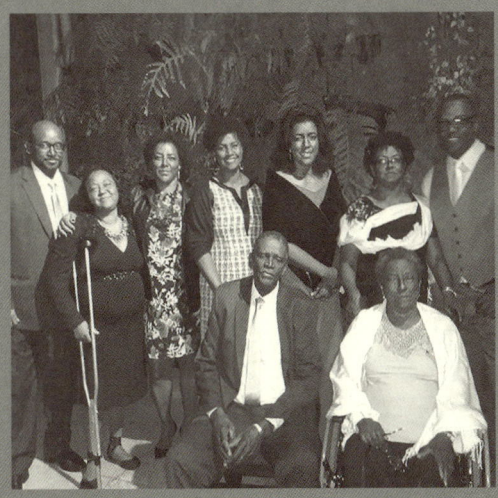

Todos nós, mais de
quarenta anos depois.

Correr riscos
é necessário

Optei por correr riscos ao tomar algumas decisões em minha vida pessoal e profissional. Preferi arriscar em vez de me manter naquele lugar cem por cento seguro, na zona de conforto, não para ser notada, e sim para atingir o sucesso. E, para mim, sucesso é impactar a vida das pessoas, o que só é possível se eu acreditar e confiar nelas.

Não existe problema algum em se arriscar, desde que você tenha consciência de que pode falhar — e que está tudo bem se isso acontecer. O risco faz parte do processo evolutivo. Digo mais, falhar é fundamental. Quem não se arrisca não falha. E quem não falha não conhece o sabor do verdadeiro sucesso. O erro faz parte da formação de um profissional. O aprendizado está em todos os aspectos da vida, inclusive nas falhas.

Afirmo isso por um motivo: quando você se arrisca, entre as inúmeras ideias que planejou colocar em prática, várias não darão certo. Mas aquela que vingar, ah! Aquela será "o" sucesso. Pode ter certeza. Para mim, é fácil perceber que o sucesso, a ideia maravilhosa e o sentimento de "eu consegui!" só vêm depois de algumas tentativas, de joelhos ralados, de cara na parede e de erros. E está tudo certo. O segredo é não desistir.

Uma de minhas características, às vezes perturbadora, é a de não gostar de longas reuniões. Perco o foco. Assim que percebo as boas ideias surgindo logo nos trinta minutos iniciais de uma apresentação, tendo naturalmente a navegar por outros mares. Pensar rápido e colocar as coisas para fora, muitas vezes sem tempo de elaborar bem, pode ser uma maneira de encontrar um caminho disruptivo e transformador — sim, é verdade, e de quebrar a cara também. Além disso, adoro ser surpreendida, e sempre me pergunto depois de ouvir alguma ideia interessante: "Por que não pensei nisso antes?". Então, o sorriso que não consigo disfarçar logo me entrega, fazendo com que a pessoa que teve a ideia saiba que marcou um golaço. Empoderar o interlocutor por meio de meus gestos ou de minhas expressões é uma forma de deixar claro que sozinha eu não conseguiria — e que sou grata pela parceria.

Ainda falando sobre inspiração, procrastinar é algo que pode afundar um bom projeto — e levar junto o engajamento de um time. Quando se chega a uma boa solução, é importante agir. Claro, planejamento é necessário, mas o ato de adiar, de deixar para depois, especialmente neste tempo em que vivemos, é pedir para ser passado para trás. Hoje, tão essencial quanto ter boas ideias é colocá-las em prática de forma ágil. Assim saímos na frente, conquistamos o mercado e ditamos as regras.

Nos projetos que ponho de pé, tenho a real consciência daquilo que posso somar e no que preciso de ajuda. Se o projeto não é meu, faço questão de dar o crédito a quem o criou. É uma atitude simples, mas muitas vezes não respeitada. Fazer a coisa acontecer e brilhar, envolver a equipe, implementar o espírito de *teamwork* e elevar a régua, sem dúvida, é o que mais gosto no trabalho.

No geral, é assim que funciona: cada um tem sua parte num projeto, e ela precisa ser respeitada. Para quem tenta ultrapassar essa linha, costumo dizer: "Não me venha com questionamentos porque essa não é a minha praia". Não se trata de uma ingerência, e sim apenas mais uma de minhas características. Sei que às vezes pode soar como descaso, porém garanto que não é. Olho de longe e busco captar o todo. Estou ali, faço parte do processo, todavia, ao mesmo tempo, tento deixar que as pessoas também se sintam donas daquilo. Mais do que importante, acho essa atitude fundamental. Delegar e confiar em quem está nessa comigo ajuda a aumentar a felicidade e a produtividade de minha equipe. É uma equação simples, não acha? Dar e receber.

Anteriormente, falei a respeito de saber lapidar o processo de criação, de planejamento. Sobre isso, traço um paralelo com algo que aprendi nos mais de sete anos de trabalho em uma grande joalheria global centenária: a lapidação e as facetas de um diamante são o que o fazem brilhar. Cortes perfeitos trazem mais brilho à pedra (por esse motivo, um dos cortes mais conhecidos dessa joia é o denominado "brilhante"). No entanto, para isso, é preciso cortar a pedra nos lugares certos, com precisão milimétrica. Assim se obtém o maior brilho possível, evitando perdas desnecessárias. Gosto de pensar da mesma forma sobre o desenvolvimento de minha equipe, isto é, brilho máximo, perda mínima. E chegamos ao ponto: alcanço isso apenas desenvolvendo pessoas.

Desenvolva pessoas

Tenho esta característica que me traz grande satisfação: a de desenvolver pessoas. É uma de minhas competências que extrapolam o âmbito profissional. Em todas as empresas pelas quais passei, com raras exceções, nunca contratei alguém de fora para me substituir quando mudei de cargo ou quando deixei esses locais para outros desafios. As pessoas que se sentaram na cadeira que antes era minha são as que trabalhavam diretamente comigo, sob minha gestão. Tenho uma verdadeira paixão em detectar talentos diversos e desenvolvê-los. Curiosamente, esse é um dos maiores desafios no universo corporativo.

Nós nos acostumamos com as mesmas e velhas ideias por não compreendermos as mais inovadoras — ou simplesmente por não darmos a elas o devido crédito. Ou, ainda, por temermos o disruptivo que poderá nos tirar da nossa zona de conforto, ou pelo cruel receio de que as pessoas inovadoras se tornem melhores do que seus CEOs/ presidentes em suas propostas. E, sem perceber (ou percebendo), deixamos passar excelentes oportunidades de transformação. Não é legal fazer as coisas sozinho. Perdemos, assim, a oportunidade de compartilhar e aprimorar nossos pontos de vista com outros diferentes. Além disso, essa insegurança certamente atrapalhará todo o caminho — ou, sendo bem pragmática, encerrará sua trajetória, que poderia ter sido brilhante não fosse o medo do novo.

É fato, notório e mais do que provado, que passamos por um momento de transformação em função da demanda de inovação do mercado. A resiliência é, mais do que nunca, uma característica muito preciosa. Portanto, fazer esse *blend* entre a resiliência de um executivo maduro e o poder de inovação da nova geração é maravilhoso. É hora de somar a maturidade que a vida nos traz à inovação pulsante dessa nova geração, com demandas inimagináveis que nos impulsionam a transformar.

Há executivos que ocupam posições confortáveis, sentados em suas cadeiras, imaginando que tudo esteja bem, cercados apenas de pessoas que pensam igual a eles. Para mim, trata-se de um claro sinal de alerta. É o momento de mudar do amarelo para o vermelho, apertar o botão do pânico, esvaziar o prédio ou pular de paraquedas (o piloto sumiu!) por uma simples questão de sobrevivência, afinal o negócio deve se adaptar ao novo momento. Nesta era, vale o pensamento de uma geração que veio com muita gana de promover mudanças rapidamente, ainda que com uma exagerada dose de impaciência.

Encontro nesses novos profissionais que estão chegando ao mercado uma agilidade que me agrada, além do pensamento disruptivo que me obriga a sair da zona de conforto. Voltamos aqui a falar sobre a busca do sucesso. A gente pode "dançar" com uma ideia? Pode. Muitas vezes, me dei mal colocando em prática ideias inovadoras, achei que estivesse brilhando, mas havia me esquecido de fazer o dever de casa. Foram fracassos que encarei como aprendizados na minha cartilha da vida. Todavia, quando eu acertava, corria para o abraço e sorria até dormindo de tanta satisfação.

Exigir dedicação
sem medo de errar

Fui uma criança feliz. Tudo era muito modesto, minha casa não era grande, ainda mais para tanta gente. Havia três quartos: o dos meus pais, um para as meninas, éramos cinco filhas, e um para os dois meninos. Também sempre havia um(a) primo(a) ou algum parente morando lá em casa, vindo de Minas Gerais, que buscava uma oportunidade na cidade grande. Todos tinham sua responsabilidade. Ninguém, por exemplo, saía de casa sem deixar a cama arrumada. Roupa suja espalhada? Jamais! Sempre no tanque. E ajudávamos a minha mãe a fazer a faxina semanal da casa. Até isso era uma festa, com direito a som alto e conversa com os vizinhos. Adorávamos os filhos da dona Romida e do seu João. Minha mãe tinha sete filhos; e ela, seis. Amigo era o que não faltava.

Todavia, nossa maior responsabilidade, claro, eram os estudos. Morávamos muito perto da escola, a atual Emef João de Deus Cardoso de Mello, e a educação sempre foi algo muito presente em minha vida. Meus irmãos e eu estudamos lá até a antiga oitava série (hoje o nono ano do ensino fundamental). Conhecíamos muitas crianças do bairro e de regiões próximas, afinal, como comentei no início deste livro, boa parte era parente nosso. Em quase todas as ruas da vizinhança, havia um(a) tio(a) ou comadre/ compadre, o que atrapalhava quando queríamos cabular aula ou namorar escondido — mas, claro, sempre dávamos um jeitinho. Meu pai, seu Antônio, e minha mãe, dona Maria — mais conhecida como Preta —, sempre nos incentivaram a estudar. Repetiam à exaustão: — Tudo aquilo que não tivemos, vocês terão com os estudos. Nós os compreendíamos. Vieram de Minas Gerais para São Paulo com o sonho de que a capital paulista fosse a terra das oportunidades. Meu pai começou como faxineiro na Viação Aérea São Paulo (Vasp), que decretou falência em 2008, e não se aquietou. Estudava demais. Lembro-me de vê-lo debruçado sobre livros e as enciclopédias Barsa. Não existia essa facilidade trazida com a internet, tampouco se sabia sobre globalização. Ele fazia cursos, lia muito e, assim, foi conseguindo crescer dentro da empresa, degrau por degrau. Foi promovido a técnico e não parou de se aperfeiçoar por meio dos estudos. Celebrava cada conquista buscando mais conhecimento. Fazia testes na empresa e conseguia avançar para outros níveis. Ele nos dizia, com seu jeito simples, seu olhar sério e sua voz baixa: "Conhecimento adquirido ninguém nos tira".

Seu Antônio era um sujeito tão sério que os homens do bairro o conheciam como Tonhão Guaraná. Explico: eles se reuniam no bar e, caso meu pai passasse por lá, só tomava um copinho de guaraná e logo voltava para os estudos ou para o trabalho. Graças a esse exemplo, era normal que nós também nos interessássemos por livros. Passei muito tempo na biblioteca pública municipal que ficava relativamente perto de nossa casa. O trajeto durava uns trinta minutos de ônibus, mas ir sozinha para lá representava, para mim, um gesto de confiança de minha mãe. Aquilo foi uma grande conquista em minha adolescência. Sou a mais nova de sete irmãos, e nem por isso tive uma colher de chá. Fui tão cobrada nos estudos quanto todos eles.

Meus pais nos exigiam esforço, dedicação e empenho. Ele é resiliente e disciplinado. Ela é guerreira e dedicada à família.

Tenho em minha essência, ainda bem, muito dessas características. Nossas diferenças e semelhanças estão na maneira como levo a vida. Meu pai é muito introspectivo, é do longo prazo, do planejar. É estratégico e muito inteligente — além de bastante teimoso (alguns diriam obstinado). Aliás, já ouvi de alguns familiares que herdei a teimosia dele. Minha mãe é festeira, especialmente em relação a eventos com a família. Eu, se pudesse, estaria cercada de gente 24 horas por dia. Adoro uma festinha com família e amigos, que têm um lugar especial no meu coração. Enfim, amo nossas semelhanças e trabalho meus defeitos na análise.

Para entender melhor de onde vim, pedi a meu pai que explicasse um pouco de que maneira surgiu sua tamanha força de vontade:

"Vim de uma base muito pobre. Quando cheguei de Minas Gerais, o único serviço que eu sabia fazer era na roça. Trabalhar no pasto, fazer colheita. Um colega com quem eu trabalhava em uma dessas roças me convidou para vir para São Paulo. Foi nesse momento que pensei: 'Se Deus quiser, eu não vou voltar para o pasto, não'. Na cidade, comecei a trabalhar na área de limpeza, na extinta Vasp, e a estudar. Fiz um curso de mecânico lá na Barra Funda. Trabalhava no aeroporto, perto de Santo Amaro, saía de lá e ia estudar. Depois de alguns bons anos, foi por causa do meu esforço que me convidaram para ser ajudante de mecânico. Aproveitei aquela chance. Já tinha aprendido a ser mecânico dos meus carros, e a empresa escolheu uma turma para treinar o manuseio de aviões. Eu estudava, estudava e estudava. Às vezes, achava que aquilo não entraria na minha cabeça. Enquanto estava em casa, ficava estudando. Minha esposa, Pretinha, era muito habilidosa com as sete crianças e com os agregados, além de tomar para ela toda a responsabilidade do lar. Só por isso pude me dedicar tanto aos estudos. Veja só: comecei no setor de limpeza da Vasp e saí de lá como inspetor de manutenção. Sempre me orgulhei dessas conquistas e pude compartilhar com minha família tamanha alegria! Hoje mostro a minha carteirinha, que ainda guardo com muito orgulho e carinho, para todos que perguntam sobre meu passado e como cheguei lá! Viajei o mundo inteiro e trabalhei mais de trinta anos na mesma empresa. Amo São Paulo e sou muito grato por tudo que essa cidade me deu. Por meus filhos e por meu caminho. Aqui, no meu quintal, tenho uma horta e gosto muito de cuidar dela, mas nunca mais tive que trabalhar no pasto."

Sempre fico emocionada, com lágrimas nos olhos, quando ouço a história de meu pai. Teve sete filhos, em diversos momentos havia parentes morando conosco, e mesmo assim seu Antônio continuou focado no crescimento. E tudo isso só foi possível, como ele próprio contou, porque minha mãe dava todo o suporte. Digo com muito orgulho: meu pai é um caso de sucesso. Quando ele fala de sua trajetória, ainda hoje, com quase noventa anos, os olhos brilham.

Ser filha desses dois me dá uma responsabilidade enorme na vida, afinal eles souberam aproveitar boa parte das oportunidades que tiveram e cresceram muito. Por isso, não posso decepcioná-los. Quero que meus pais continuem tendo orgulho de mim porque meu coração bate mais forte ao falar do orgulho que tenho deles.

Fotos: Guilherme Sanora

À esquerda, foto recente com meu pai, no quintal de sua casa. Abaixo, a escola que frequentei.

Aluna da média
e o desejo de mudar

Sempre fui uma aluna da média. Tirava aquela nota sete, com alguns 8,5 — raros eram os dez no meu boletim. Não era a melhor da turma nem a estudante exemplar, como meu pai gostaria que eu fosse, mas também nunca repeti um ano. Em função da minha altura, sentava no "fundão" da classe, e, ao relembrar essa época, em especial o ensino fundamental, me vejo como aquela aluna que fazia o que deveria ser feito, se dedicava e alcançava uma média legal para passar. Acompanhava as aulas com atenção e adorava meus professores — era daquelas que atormentavam a mãe porque queriam presenteá-los no Dia dos Professores. Gostava de saber da vida pessoal deles e, se dessem abertura, nos tornávamos amigos — claro, mantendo o respeito. Lembro-me bem de todos, até da diretora, cujo nome e sobrenome guardei na memória: dona Eneida Palma Leite.

    Antes de entrar na faculdade, meu sonho era ser comissária de bordo. Meu pai, como trabalhava na Vasp, certamente teve boa parcela de responsabilidade nesse primeiro sonho profissional tão grande. Cheguei a tirar a licença de voo pela Escola de Aviação Congonhas (Eacon). Sou comissária formada, ou melhor, de carteirinha. E que tempo de alegria! Quando tirei a licença, fui a Fernando de Noronha com uma amiga da turma. Imagine que fantástico! Como não pude viajar na adolescência por falta de dinheiro — ia apenas para Minas Gerais por causa das visitas anuais à família de meus pais —, essa foi minha primeira viagem para mais longe. Foi a fase de minha vida em que comecei a descobrir o lado belo do Brasil, especialmente o Nordeste. Primeiro Recife e Fernando de Noronha; depois, o Carnaval em Salvador. A amiga que viajou comigo era a Claudia Rocha, que morava no Recife. Estávamos para nos formar, e ela tinha um namorado que era piloto, que fazia o trecho Recife-Fernando de Noronha. Ficamos em pensões, tudo modesto e muito lindo. Noronha me abriu ainda mais os olhos para o mundo que eu precisava descobrir. Compreendi, ainda mais com essas viagens, que não poderia ficar apenas na casa de meus pais (o que se tornou um problema com o seu Antônio — sobre o qual vou comentar mais à frente).

Voltando a Fernando de Noronha, o paraíso brasileiro: lá estava eu, e sem saber nadar. Mas como é que alguém vai para lá e não mergulha? Como não ver de perto aquela riqueza natural, a abundância de corais, de peixes, a beleza daquele arquipélago? Em um dado momento, saímos para passear de barco e todos se jogaram na água. Menos eu. A cena seguinte foi digna de comédia: fiquei de colete salva-vidas, de boia e com a corda amarrada ao barco e então pulei no mar. Os peixes me mordiscavam, e logo chegaram alguns golfinhos. Eles, livres naquela imensidão de Deus, eram a coisa mais linda. Nadavam e balançavam a água. E me desesperei achando que fosse me afogar. Deve ter sido uma visão hilária, meus amigos me puxando e eu não conseguindo me mexer por causa do colete e da boia. Aos dezessete anos, já era grandona como sou hoje — ou seja, foi uma canseira me tirar de lá. E aqueles golfinhos brincalhões devem ter percebido o meu drama, porque fizeram mais farra ainda. Depois pensei quão fantástica havia sido essa experiência, uma oportunidade ímpar na vida. Assim, tive uma certeza: precisava aprender a nadar. Nunca é tarde.

Voltei cheia de ideias, imaginando que meu futuro fosse ser comissária de bordo. Mas meu pai, que me inspirou a entrar no ramo da aviação, um belo dia me disse:

— Caboclinha, é assim que funciona: filha minha, enquanto estiver aqui dentro de casa, tem que estudar. Então, quero que você tenha um diploma. Primeiro você vai se formar em uma faculdade, e só depois vai fazer o que bem entender.

Foi um estresse! Fiquei quase seis meses sem falar com ele, puta da vida, achando que ele estivesse se apropriando de meu sonho. No entanto, não era opcional. Meu pai sempre foi muito exigente com as questões que considerava essenciais na vida, e duas delas eram os estudos e a honestidade. Portanto, lá fui eu para a faculdade. Contrariadíssima, com a sensação de que o mundo estava contra mim. Um drama! Hoje, agradeço muito a meus pais. Faço, aliás, um agradecimento público especialmente a ele: obrigada, pai, por acreditar em mim mesmo quando eu ainda tinha algumas dúvidas — ou pior, quando me considerava a dona do mundo.

Curtindo a vida adoidado

Comecei a cursar ciências contábeis no atual Centro Universitário das Faculdades Metropolitanas Unidas (FMU) do campus Liberdade, que ficava localizado na rua Fagundes. O que no começo era um problema, porque eu queria muito voar, ser comissária, se tornou uma das fases mais divertidas de minha vida. O destino prega mesmo suas peças. Como boa adolescente que descobria o mundo, passei a adorar a faculdade. Curtia a vida lindamente, sem grandes preocupações. O futuro, para mim, ainda era uma coisa distante. Não pensava que, ali, já estava alicerçando a base de minha carreira profissional.

Após as aulas, ficávamos jogando conversa fora enquanto comíamos frango frito e tomávamos cerveja. Minha turma era enorme, uma mistura grande de gêneros, etnias e nacionalidades também. Gostávamos de viajar, de estudar em minha casa e até mesmo almoçar lá. Algumas vezes, havia umas quinze pessoas só para filar a boia de minha mãe, um arroz com feijão mineiro que todos amavam. Por fim, o estudo ficava em segundo plano. Nós nos divertíamos simplesmente com a companhia uns dos outros.

Seria impossível eu não me apaixonar por esse universo. Imagine eu, a menina que saiu do meio de uma família enorme, festeira e que adorava uma farra? Era o melhor dos mundos. Meus quatro anos de faculdade foram quatro anos muito bem vividos, com direito a tudo o que um universitário faz: bebida, festas, viagem, sexo. Exceto drogas. Bebia, mas nunca curti usar drogas. Achava que maconha tinha cheiro de cocô — isso desde sempre. Havia um escadão perto de casa, a garotada ficava lá fumando maconha, e eu achava aquilo de um fedor horroroso. Cocaína? Não assimilava bem aquele negócio de a pessoa dar uma cheirada ou uma picada e ficar superligada. Não acreditava — e continuo não acreditando hoje — que precisasse sair de mim para ficar "alegre".

Confesso que, uma vez, peguei um cigarro, uma bituca do chão mesmo, que achei em casa — minhas irmãs mais velhas fumavam escondido de meus pais —, e a fumei enquanto limpava a sala, me achando mocinha, a garota adulta do pedaço. Achava o máximo fumar, algo glamuroso, mas não tinha jeito: não era minha vibe. Porém sempre gostei de uma bebidinha… Lembro-me da primeira vez em que fui com alguns amigos da faculdade (e não me esqueço de quem eram eles: Silvana, Rosângela, Samira, Waldo, Paulo, Silvio e Carlos) a um boteco perto do metrô Ana Rosa. Era um bar tradicional de cerveja, no entanto havia até teia de aranha por lá. Nunca tinha bebido daquele jeito. Ali, entendi o que significa a expressão "enfiar o pé na jaca". Foi o único grande porre de minha vida. Cheguei em casa tão alterada que não conseguia subir as escadas. Caí no jardim de frente de casa e fiquei lá, jogada. Meu irmão não quis me ajudar, e, para piorar, minha mãe estava no Rio de Janeiro resolvendo um assunto familiar. Meu irmão contou para meu pai, na manhã seguinte, sobre meu estado deplorável. Resumo da história: me ferrei e fiquei de castigo. Hoje, gosto de tomar um bom vinho ou um gim-tônica enquanto bato um papinho com amigos. Todavia, porre como aquele, nunca mais. Só de pensar naquele dia já fico com dor de cabeça.

É importante dizer que sempre me dediquei aos estudos. Nunca reprovei em nenhuma matéria, nunca fiz um trabalho "mais ou menos". Nesses momentos, era uma pessoa disciplinada. Além disso, eu mesma pagava minha faculdade e sempre dei valor ao dinheiro como algo a ser conquistado.

Antes da graduação, pedi a meus pais que me deixassem trabalhar. Iniciei, adolescente, como monitora de pré-escola na Emei Castro Alves, que ficava perto de casa. Logo depois, fiz estágio por dois anos no Banco do Brasil, na extinta Carteira de Comércio Exterior do Banco do Brasil (Cacex). Já na faculdade, ingressei em um escritório de contabilidade com meu irmão mais velho, Leo Maia, cujos donos eram seus amigos. O Leo foi uma inspiração para me tornar contadora. Sempre o considerei o mais inteligente lá de casa, e eu o admiro muito. E, ainda nesse emprego, comecei a sentir uma necessidade enorme de crescer, de me desafiar. Então, fui atrás de oportunidades. Consegui uma vaga na 7-Eleven, rede de lojas de conveniência norte-americana que estava se fixando no Brasil, implantando para nós uma cultura de self-service — causa de grandes quebras de inventário, mas sigamos com a história.

A vontade de evoluir

Na 7-Eleven, atuei como *controller*. Ainda estava terminando o curso na FMU quando comecei nesse cargo. Formei-me e estava tranquila em meu emprego. Mas, ali, depois de um tempo, percebi que uma faculdade de peso era importante para meu currículo. Entendi que uma instituição de primeira linha e cursos complementares seriam essenciais para continuar crescendo profissionalmente. Acredito que essa seja até uma característica cruel do mercado da época — que tem resquícios na atualidade —, contudo era a regra do jogo. Se você não tem as ferramentas necessárias, está automaticamente fora.

Trabalhando em uma rede de lojas de conveniência norte-americana, senti também o peso de não saber falar inglês. Meu conhecimento da língua se limitava ao verbo *to be*, que tinha aprendido na escola. Ao tratar de números, até me virava com umas mímicas quando necessário, todavia aquilo foi se tornando um obstáculo e uma frustração que me incomodavam muito. Além disso, sempre amei cantores de língua inglesa como Dionne Warwick, Phil Collins, Michael Jackson, Mariah Carey e Whitney Houston e não entendia nada de suas canções (embora viajasse em sonhos apaixonados). Foi quando decidi que moraria um tempo fora, justamente para aprender inglês. Mas, para isso, havia dois grandes obstáculos: o dinheiro e meu pai. (Só hoje entendo que meu pai não era bem uma barreira, suas objeções eram apenas zelo e amor.)

Não guardava dinheiro. Além de pagar a faculdade, cada um tinha sua responsabilidade em casa e pagava uma conta, de água, de energia ou de telefone. Meu pai nos supria com a compra do mês, a moradia, os benefícios médicos e todos os cuidados que uma família demanda, porém tínhamos que fazer nossa parte para a manutenção do lar, um membro sempre ajudando o outro. Esse era o lema lá de casa, e que levo para minha vida e de todos à minha volta. O problema da falta do dinheiro, no entanto, foi resolvido quando fechei um ciclo de sete anos e meio na 7-Eleven. Peguei minha rescisão e, aos 28 anos, resolvi que aquela seria minha chance. Seguia investindo no crescimento de minha educação, naquilo que eu sabia que faria a roda girar.

Primeiro falei com minha mãe, que temia por nunca ter ficado tão distante de um de seus filhos, todavia achou minha decisão extremamente corajosa. Claro que se preocupou, mas me apoiou — o que foi fundamental para selar minha tomada de decisão.

— Quelzinha [como minha mãe me chama até hoje], como é que você vai para lá sem saber falar nada de inglês? — Seus olhos não tinham menos dúvidas do que os meus. — Mas quer saber? Vá. Vá e que Deus te proteja. Isso que você está fazendo é de muita coragem. Então, eu entrego nas mãos de Deus.

Minha mãe, daquele jeitinho simples, mas com muito significado, me dizia para ir, contudo me assegurava que eu tinha um porto seguro se qualquer coisa desse errado. Nem tudo, porém, seria tão fácil. Ainda precisava convencer meu pai. E foi difícil, ele ficou bravo. Não queria saber de filha morando fora.

— Neste mundão de meu Deus! Você vai se meter nesse país, o Canadá, que você nem conhece. — Embora ele já tivesse passado por lá a trabalho, não confiava em mandar sua filha caçula sozinha para a América do Norte. — Isso me preocupa muito. Eu não quero. Naquele momento, tive que me manter firme. Disse a ele que, seguindo o exemplo que ele mesmo havia me transmitido, precisava me preparar para o futuro e que aquele seria um passo importante. Depois de um tempo e de muitas conversas, finalmente consegui o aval.

— Fico muito preocupado... Mas vai, minha filha. Seja honesta, seja decente e trabalhe pelo que quer.

E lá fui eu para o Canadá, movida por minha ineficiência em falar inglês com o presidente de minha antiga empresa. Ao invés de me paralisar, minha frustração foi o que fez com que eu me movesse e virasse a página. Sabia que era melhor do que aquilo.

Só o verbo *to be*

Tudo muito lindo, tudo muito corajoso. Mas, na prática, lá estava eu, viajando para um país estranho, sabendo apenas o verbo *to be*. Foi uma saia justa atrás da outra. A bem da verdade, cheguei ao Canadá sem nem saber como chegar ao Canadá... Tinha uma passagem que ia até Houston e, de lá, seguiria para Vancouver. De Vancouver, por fim, tomaria um voo local até Vancouver Island, que era onde ficava a Universidade de Victoria, na qual levaria um ano e meio para eu concluir minha total imersão na língua inglesa.

Sem saber falar nada, me confundi toda. E, para piorar, quando cheguei a Vancouver, minhas malas tinham ido parar no Texas por um erro da companhia aérea. Estava sem grana, porque tinha ido com o dinheiro contadinho. Por mês, precisava pagar seiscentos dólares canadenses para a família que ia me hospedar, minha *host family*, sem contar os estudos. Não sobrava, portanto, nenhuma quantia para comprar roupas. Tive que esperar uma semana até minha mala chegar usando a mesma roupa todos os dias — exceto pela calcinha extra e um camisetão para dormir que comprei.

Fazia um frio absurdo. A roupa que estava usando não era adequada para aquela temperatura, então foi um perrengue. Lembro-me de que, no pacote, estava incluso um passeio com a *host family* assim

que eu chegasse, para que me apresentasse a cidade e os pontos históricos. A única palavra que eu dizia era *beautiful*. Eles me mostravam algum monumento, como os Totem Poles no Stanley Park, carrancas espalhadas pela cidade como tradição local, e eu dizia:
— *Beautiful*.

Eles me levavam a um parque, como o Butchart Gardens, um dos lugares mais belos e floridos que meus olhos já viram, e eu:
— *Beautiful*.

Eles me falavam do Granville Island, um mercado público, e das casinhas flutuantes, onde, em vez de carros na garagem, há lanchas, barcos e iates, habitada por abastados, e eu:
— *Beautiful*.

Cheguei num sábado e na segunda-feira começariam as aulas. E lá estava eu, frequentando uma semana inteira de aula com a mesma roupa. O bom de lá é que as pessoas não se importam muito com você — e quase nada com o que você veste. E as primeiras semanas de curso... Meu Deus do céu! Que tragédia. Eu até apertava os olhos para tentar entender o que aquele professor falava, e nada! "Brisava" em 90% da aula. Nos três meses iniciais, parecia que eu estava em outro planeta. Não entendia quase nada, contudo não deixava de ir nenhum dia para a universidade. Adorava o campus e aquela nova experiência. Além disso, nós, estudantes, podíamos usar todas as dependências do campus diariamente.

Mesmo assim, repeti o primeiro módulo, o que me causou uma dor horrorosa. Nunca havia reprovado em nada. Até hoje essa experiência é algo com que preciso lidar em meu coaching e em minha vida: quando alguma coisa não sai como espero, fico extremamente frustrada. Acho esse assunto muito importante, tanto que, mais adiante, voltarei a ele com mais detalhes.

Todavia, é preciso prosseguir, e assim o fiz. As aulas iam das oito horas da manhã às três da tarde. Como contei no início deste capítulo, não tinha dinheiro para quase nada extra. No pacote com a família, o jantar estava incluso — aliás, eles adoravam batatas, o que quase sempre era servido. Éramos três pessoas e, por sua vez, três batatas na panela. Logo comparava com as refeições em minha casa, onde a comida era simples, mas em porções generosas.

Falando sobre referências gastronômicas, adorava aquele frango frito do KFC, que via meus colegas comerem quando íamos passear na *downtown area*, nas tardes livres da escola. Comecei a fazer faxinas para juntar uma grana extra. Dava graças a Deus quando conseguia alguma por indicação de amigas. Eram dez, quinze dólares, com os quais eu poderia ir ao KFC comer frango aos domingos. Ah, e nem tinha dinheiro para o balde de frango, eram apenas para dois ou três pedaços. Ainda assim, amava aquela oportunidade que a vida estava me dando.

Desse dinheiro da faxina, também poupava para ir, uma vez por mês, ao clube ou à casa de striptease. Em Victoria, naquela época, não existia danceteria. Então frequentávamos ou o Monty's ou algum clube. Fiquei amiga de todas as meninas do strip. Lá era muito divertido. Achava o máximo assisti-las dançando naqueles postinhos. Mas, para ter aquela diversão, havia me disciplinado: poupava cinco dólares, o suficiente para poder entrar e tomar um drink com meus amigos do curso. Passávamos boa parte da noite ali, apenas olhando e rindo dos clientes.

Quando voltei do Canadá, com o inglês na ponta da língua, não tive dúvidas: montei um curso desse idioma para jovens na paróquia Bom Pastor, que ficava perto de casa e a qual frequentava. Iniciei meus ensinamentos com a tradução de uma música que amo do Phil Collins, trilha sonora do filme *Tarzan*, "You'll Be in My Heart". Poder compartilhar aquilo que havia aprendido foi minha pequena grande conquista pós-Vancouver.

Fotos: arquivo pessoal

Aventuras (de neve e também de sol!) no Canadá.

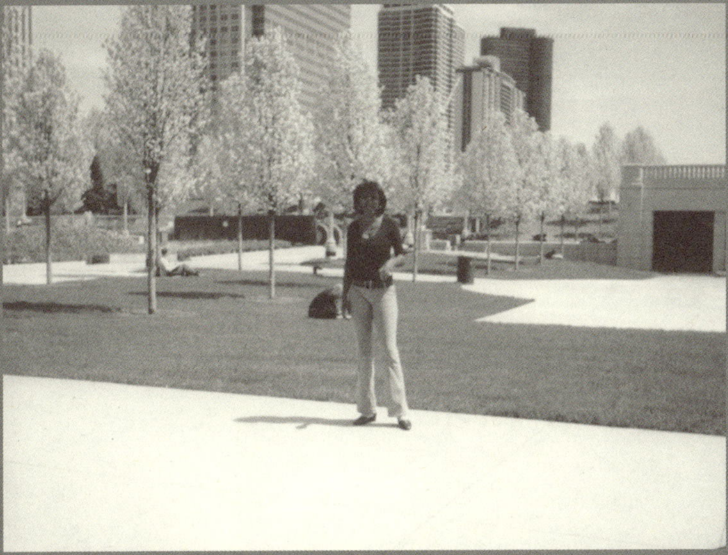

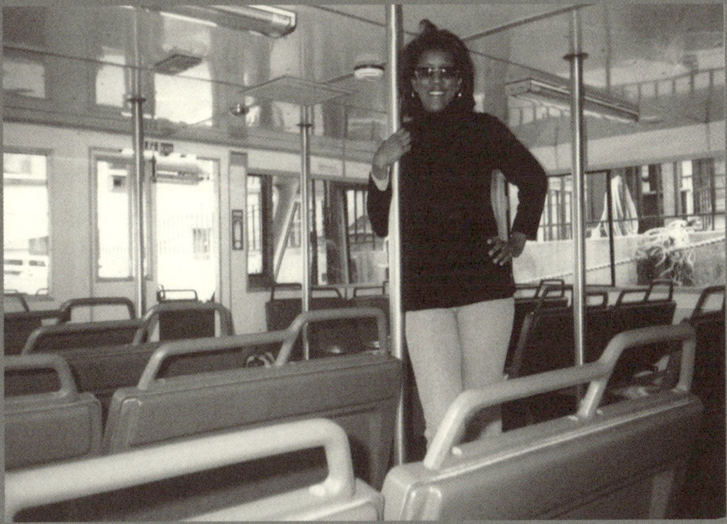

Mãe Coragem

De volta a São Paulo, em 2000, aos trinta anos e sem dinheiro, fui morar de novo com meus pais. Ocupei um quarto nos fundos da casa. Quebrei tudo e fiz uma edícula, para ter um pouco mais de privacidade. Por mais que meus pais sempre tivessem dito que a casa estaria aberta aos filhos, é muito difícil, na vida adulta, fazer esse movimento de retorno. Quanto mais o tempo passa, mais nossas manias e nossa personalidade vão se moldando, demandando nosso próprio espaço. Meus pais foram muito acolhedores, mas, assim que arrumei um emprego, fui procurar meu canto. Meu primeiro apartamento foi no condomínio Forest Hills Park, no Parque Residencial Julia, também na zona sul de São Paulo, um bairro onde sempre quis morar.

Estar mais perto de minha mãe foi necessário também para uma reconexão às origens, à fortaleza daquela mulher. Enquanto meu pai trabalhava fora e estudava, ela dava conta da casa, de todos nós, e ainda fazia faxina para fora, costurava e complementava nossa renda. Ela é uma mulher que cuida. Não tem essa de aparecer em casa e não ter uma comida para oferecer. Aquilo de fazer um agrado com a panela, sabe? Como comentei em outras passagens, o período era difícil. Com tanta gente, um frango tinha de ser suficiente para o almoço de domingo, sempre para mais de dez pessoas. Então, minha mãe criou um esquema de rodízio: em uma semana, uma pessoa comia a asa; na outra, a sobrecoxa; na seguinte, a coxa. Ou seja, precisava passar pelas partes mais duras para chegar à coxa, meu pedaço preferido. Porém, era até legal esperar por isso. O gosto ficava ainda melhor. Lembro que fechava os olhos para saborear a coxa de frango feita pela minha mãe. Adoro cozinhar. Também aprendi isso com ela. Contudo prefiro, claro, a cozinha sem obrigação. Chega a ser até nostálgico poder agradar por meio da boa comida. Isso me leva de volta às festas de fim de ano. Volto à minha mãe. Por isso, vou passar a palavra para ela:

"Eu costuro. E quando eles eram pequenos, costurava bastante para ajudar nas contas da casa. Mas não dava para fazer tudo durante o dia. Então, eu tinha que fazer o trabalho da casa, colocar as crianças para dormir e só depois ia trabalhar em minhas costuras. Era melhor assim, pois, se tinha um vestido de seda para fazer, uma mãozinha daquelas crianças já poderia puxar um fio e estragar o tecido. Minha hora de dormir, depois de costurar, era quatro, cinco da manhã. E às seis e meia eu já estava de pé para arrumar todo mundo para a escola. Era tanta boca para alimentar que o Antônio comprava daqueles sacos enormes de arroz e latas de óleo de vinte litros. Fardos de feijão e macarrão. Era muita comida e muito trabalho, mas faria tudo de novo. Tenho orgulho da família que criei."

Minha mãe sempre encerra o que tem para dizer com um leve sorriso — que eu amo.

O tamanho do problema

Uma vez me disseram que um problema tem o tamanho que você dá a ele. E isso faz sentido. Minha família passou por um fato extremamente difícil. Algo que poderia não só abater a todos como modificar o astral de nossa casa.

Minha mãe, a grande guerreira de casa, a festeira, aquela que adora gente e que tem uma fé inabalável, teve um grave problema de saúde. Ela sempre foi tão dedicada aos filhos que se esqueceu de si mesma. Tudo girava ao redor de nossa criação, e dona Maria de Oliveira Maia sempre teve orgulho disso. Até hoje, bate no peito para dizer que sua vida foi dedicada a nós, como já contei aqui.

Além disso, sempre pensou no próximo. Tanto que estava na lista de doadores de sangue do Hospital das Clínicas e, quando era chamada, não hesitava em ir até lá para ajudar. Pois bem, em uma dessas idas ao hospital para doar sangue, na saída, ela desmaiou na rua. Meu pai estava com ela e a levou de volta ao hospital, muito preocupado.

O resultado dos exames? Aos 47 anos, uma diabetes silenciosa, que não havia sido diagnosticada previamente. A taxa de glicemia estava altíssima. O médico comentou que não sabia como ela estava aguentando ficar em pé.

A partir desse diagnóstico, as coisas se tornaram desafiadoras. Foi necessária uma readequação da dieta, mas a diabetes não tirava a alegria de viver que minha mãe tinha. E ela vivia muito bem, obrigada.

Acontece que, tempos depois, ela teve uma séria complicação no sistema circulatório. Trata-se de uma infecção que começou no dedinho do pé e, há dois anos, resultou em uma cirurgia para amputar parte da perna. Assim, minha mãe começou a se locomover de cadeira de rodas. Tempos difíceis...

O choque na família foi grande. Por mais que a gente conhecesse aquela mulher aguerrida, como ela lidaria com tudo aquilo? Seria uma mudança enorme na vida dela e na de todos nós. E ela, claro, teve seu momento de tristeza e de dúvidas, mas não se deixou abater. Durante o período em que ficou acamada, internada no hospital, dava ordens à família toda (para não perder o costume!).

Ela atribuiu ao problema — que à primeira vista era enorme — um tamanho pequeno. E tratou de se preocupar com os pontos práticos da nova rotina. Mais uma vez, mostrou que é um mulherão. Ainda que descreva a superação de minha mãe diante dessa situação, ela é a melhor pessoa para contá-la:

"Na minha cabeça, não existia outra saída a não ser a superação. Vou dizer que a adaptação é fácil? Não é. Mas depende muito da cabeça de cada pessoa que passa por isso. Eu sempre procurei reagir bem a tudo o que me acontece. Como a gente tem muita fé em Deus e em Nossa Senhora, eu tiro minha força deles, o que me fortalece em dobro. Eu faço tudo o que posso fazer. Não me entrego. Não posso ficar deitada o dia todo ou apenas assistindo televisão. Estou sempre em atividade, bordando, costurando, cozinhando. Preciso preencher o tempo. Claro que meus filhos e meu marido me ajudam muito. E agora, com todo mundo já encaminhado na vida, é um orgulho muito grande ver que consegui. E todos sempre foram muito próximos a mim. A Rachel é até demais. Às vezes, brigo com ela, pedindo para que não fique tão preocupada comigo. Peço para ela cuidar mais dela, mas ela está sempre por perto, sempre atenciosa. Telefona o dia todo. Acho até que esse jeito de ela se preocupar com os outros foi alguma semente que eu plantei nela. Afinal, sempre vivi a minha vida me dedicando às pessoas. Eu ia para o meio das favelas, atrás das pessoas nas quais nem a polícia tinha coragem de chegar. E eu ia. Ajudava, levava comida, dava atenção. Não tinha medo, e minha família me apoiava. A exemplo de mim, a Rachel não tem medo de enfrentar nada. Hoje, quando todos se reúnem aqui em casa, me sinto uma vitoriosa. Por meus filhos e por meu marido, que no momento de maior dificuldade me deram todo o apoio."

Tem como não amar muito essa minha Pretinha?

Fotos: Guilherme Samora

No quintal da casa de meus pais e em um almoço em família com minha filha Sarah, meus pais e minha irmã Iolanda.

Agregadora...

A pesar de ser mais parecida com meu pai, essa atmosfera festeira vem de minha mãe. Minha Pretinha me fez tomar gosto por reunir as pessoas. Tornei-me agregadora graças à minha mãe, que plantou em mim essa semente. E, hoje, percebo quanto é imprescindível ser uma profissional agregadora, até mesmo como presidente de uma empresa. Não posso ficar em um "aquariozinho"... Não sou um peixe-beta.

Procuro deixar bem claro que esse é meu jeito: quero transparência, quero que me vejam como sou — com minhas esquisitices e minhas qualidades. Quero olhar para as pessoas. Adoro tirar as paredes de alvenaria, pois prefiro um ambiente aberto, que transmita proximidade. Contudo, quando necessário, peço para trocar por vidro.

Revendo minha trajetória, experimentei a sensação de ter algumas portas fechadas na vida. E, em alguns momentos, aquilo me doeu. Tento, portanto, poupar as pessoas de sentimentos ruins que já vivenciei, substituindo paredes por espaços acolhedores.

Embora eu mesma não tenha tido muitas vezes essa oportunidade com meus superiores, minha porta sempre está aberta. Não a fecho. Quero que entendam que estou ali, que faço parte, que sou tão funcionária quanto todos. Novamente, sou sincera: esse é meu jeito de fazer as coisas. Não estou julgando outros modelos de gestão, mas afirmando que a experiência da porta aberta me tornou uma gestora mais acessível.

Outro dia estava em um jantar com sete presidentes mulheres de empresas que brindaram a mim justamente por isso. Por "derrubar paredes" e formar esse grupo, que nos permite trocar experiências tão fundamentais para nossa realidade. É bom demais me sentir acolhida e acolhê-las também. Ao longo do livro, elas serão mencionadas, pois são muito importantes para mim. A primeira é Lucimar Reis, que tem no currículo cargos de direção e liderança em empresas globais de turismo e aviação:

> "Sempre fui dedicada à família e também ao trabalho, o que me garantiu certo destaque profissional. Porém, vivia no meu mundo, mergulhada em minhas atribuições, até que, em um compromisso profissional, tive a sorte de conhecer a Rachel Maia. Mulherão que já impõe respeito por sua simples existência. Linda, alta, inteligente, marcante. Ela, dotada de generosidade e de percepção incríveis, logo me incluiu em um grupo de mulheres brilhantes, sensíveis, conectadas. A princípio não entendi bem, mas, participando dos encontros, me dei conta de quanto a inclusão que a Rachel fez comigo foi importante. Materializei todas as dificuldades, as barreiras, os preconceitos, meus complexos, minha submissão, quantas oportunidades havia perdido por ser mulher e quão relevante era receber a força e a mentoria de mulheres como ela, que têm o dom de inspirar, esclarecer, fortalecer, compartilhar, incluir. Rachel é muito mais que o estereótipo de mulher negra que venceu barreiras. Ela é um ser humano dotado de inteligência e de versatilidade além da média, unindo ainda sensibilidade, amor ao próximo e disposição para melhorar o mundo.

Costumo dizer que neste tempo preconceituoso em que vivemos, ainda que seja por um viés inconsciente, as pessoas pensam que foi ela a incluída no grupo. Na verdade, a loirinha aqui é que foi integrada e empoderada por essa mulher maravilhosa chamada Rachel Maia."

Como não te amar, Lu Reis? Sei que tenho muito a aprender com sua forma dedicada de liderança. Então, veja bem, trago mesmo para perto as pessoas que vou conhecendo e que acho que podem fazer parte de minha vida. Sentar-se na cadeira principal de uma companhia não é tão simples. E pode ser solitário em alguns momentos. Nem sempre é possível compartilhar as coisas — e essa é outra vantagem de ser agregadora e ter juntado esse grupo de mulheres presidentes/executivas que muito me ajuda. Imagine você que eu tenha uma necessidade, qualquer uma, relacionada ao meio no qual elas transitam e do qual não faço parte. Sei que elas vão me ajudar, e que eu vou ajudá-las no meu meio. É simples assim. Ninguém se faz sozinho. Ninguém vence uma batalha sem seus aliados. E é importante perceber em quem devemos e podemos confiar ou contar em momentos estratégicos — ou, simplesmente, com quem podemos tomar uma taça de vinho e dar boas risadas.

Gosto de me misturar mesmo. Não consigo ser diferente, não vejo motivo para o ser, e isso sempre me rendeu ótimas amizades. Do almoço de batizado do filho da copeira ao jantar no Iate Clube, na Marina da Glória, com algum presidente corporativo: passei e passo por vários universos, característica que faz parte de minha personalidade.

Bem perto da casa de meus pais existe uma comunidade, conhecida por lá como favela do Iporanga. Passei por tantas vielas dali. Como ajudei ativamente em uma associação chamada Sociedade dos Vicentinos — inclusive fui de secretária conselheira a presidente durante oito anos —, conhecia tudo por lá. Levávamos cestas básicas para as famílias em suas casas, porque é importante conhecer a realidade de cada residência ajudada. Adentrava ainda as comunidades das redondezas, ignorando por completo qualquer risco que eu pudesse correr. A exemplo do que via minha mãe fazer, ia até lá com sacolas de alimento que, definitivamente, eram um pequeno alento ao sofrimento das famílias assistidas.

E essas passagens me levam a outra característica bastante útil no mundo corporativo: carrego a compreensão sobre as diversas dificuldades da vida na esfera social não por ter estudado ou lido a respeito, mas porque as vivi. Vim de uma família humilde, nasci e cresci na periferia, ando em comunidades. Minha empatia com as pessoas faz com que eu não consiga enxergar funcionários como números na folha de pagamento.

Um exemplo prático: quando estava na 7-Eleven, um grupo grande de pessoas inventou de fazer uma romaria em agradecimento. Falei que os acompanharia. Como o destino era muito longe, disse que dormiria na casa de uma das pessoas do grupo. Ninguém acreditou muito que eu iria. Mas fui, dormi lá e foi uma experiência maravilhosa, até porque me lembrou muito de toda aquela atmosfera de festa da casa da minha avó. Todos juntos, dormindo pelo chão. E isso, além de me aproximar ainda mais da equipe, me colocou na realidade daquela pessoa que morava ali. Era bem diferente do modo que eu vivia naquele momento, mas bem parecido com o que já havia vivido.

É claro que não se pode compartilhar tudo com todo mundo. Existem limites que precisam ser respeitados. Contudo, essa maneira de me relacionar me ajuda a comandar, a dar direcionamentos. De certa forma, estar mais perto, de forma genuína, faz com que as pessoas também queiram se aproximar, algo importantíssimo. Como já mencionei, um presidente ou um gestor não faz nada sozinho.

Dá uma olhada no tamanho (de parte) da família reunida.
Tem como não gostar de gente?

… mas exigente

Ainda que seja agregadora e muito humana, tenho um lado exigente. E espero excelência das pessoas. Não gosto de receber um serviço "mais ou menos". Tenho um problema enorme quando percebo alguém na equipe cuja entrega é mediana. Sabe aquela coisa preguiçosa, sem brilho, sem o menor comprometimento? E, muitas vezes, trata-se de uma característica da pessoa. Só se conhece o trabalho do outro ensinando e avaliando, analisando e ensinando novamente. É responsabilidade do gestor reconhecer os talentos, bem como os limites de cada um. Isto é, não dá para ficar só no macro. Ao mesmo tempo, como já mencionei, não se pode perder um tempão no detalhe, afinal há várias engrenagens para liderar. Se noto que algo não está andando bem, dou uma atenção maior àquele setor, e vamos em frente!

O que me faz
uma profissional desejada

Antes de ser exigente com os profissionais com os quais trabalho, sou assim comigo mesma. Logo que voltei do Canadá, comecei a procurar um novo posicionamento no mercado e, ao mesmo tempo, cursos de liderança e de negócios que pudesse fazer em instituições reconhecidas da cidade, como Universidade de São Paulo (USP) e Fundação Getulio Vargas (FGV). Meus interesses eram nas indústrias farmacêutica e automobilística. Foquei esses ramos e acabei me tornando gerente financeira da Novartis, grupo farmacêutico suíço fundado em 1996 pela fusão da Ciba--Geigy com a Sandoz, em que trabalhei por quatro anos. Na época, a empresa tinha três grandes divisões: Pharma, Consumer Health e Sandoz. Esta última era voltada à comercialização de medicamentos genéricos e oftalmológicos — cerca de 70% do faturamento vinha desse mercado —, setor em que minha experiência no varejo tinha e tem grande relevância.

Apesar da predominância masculina no *C-Level*, o universo dos CEOs, passei a me destacar e, naquele momento de minha vida, sabia que meu foco seria gestão e liderança. Minha estratégia foi relacionar as áreas de atuação nas quais essas habilidades eram necessárias com minhas competências, construindo um caminho no qual pudesse aplicá-las como projeto de carreira e de vida.

Em minhas palestras, em encontros e em entrevistas, frequentemente me perguntam se talento e aptidão são a mesma coisa. O que aprendi em minha trajetória é que aptidão se trata de uma capacidade natural para realizar determinada atividade. O talento pode, e deve, ser desenvolvido. Uma capacidade nova pode surgir, muitas vezes, de maneira surpreendente.

Partindo disso, para sermos qualificados para algum desafio, é preciso considerar aptidão, talento e a busca por mais e mais conhecimento. Ter isso claro em mente é o primeiro passo para construir uma experiência profissional de sucesso.

Ao falar sobre talento, aptidão e uma experiência profissional de sucesso, sei que esse "combo" é almejado por pessoas que representam corporações, principalmente quando buscam colaboradores excepcionais para compor um bom quadro. Até mesmo eu já procurei e encontrei alguns — mas, paradoxalmente, muitos temem as ideias inovadoras deles. Como abordei em páginas anteriores, não compreendem as novas gerações, não entendem que vivemos na era da economia digital e também pós-digital.

Todavia, admito: não é fácil ter maturidade corporativa suficiente para quebrar paradigmas, para ser disruptivo em favor de novas e grandes ideias. O próprio conceito de "novo" está em xeque pela atordoante velocidade com que se criam novas soluções, novas tecnologias, novos modelos, novos mercados e novas empresas.

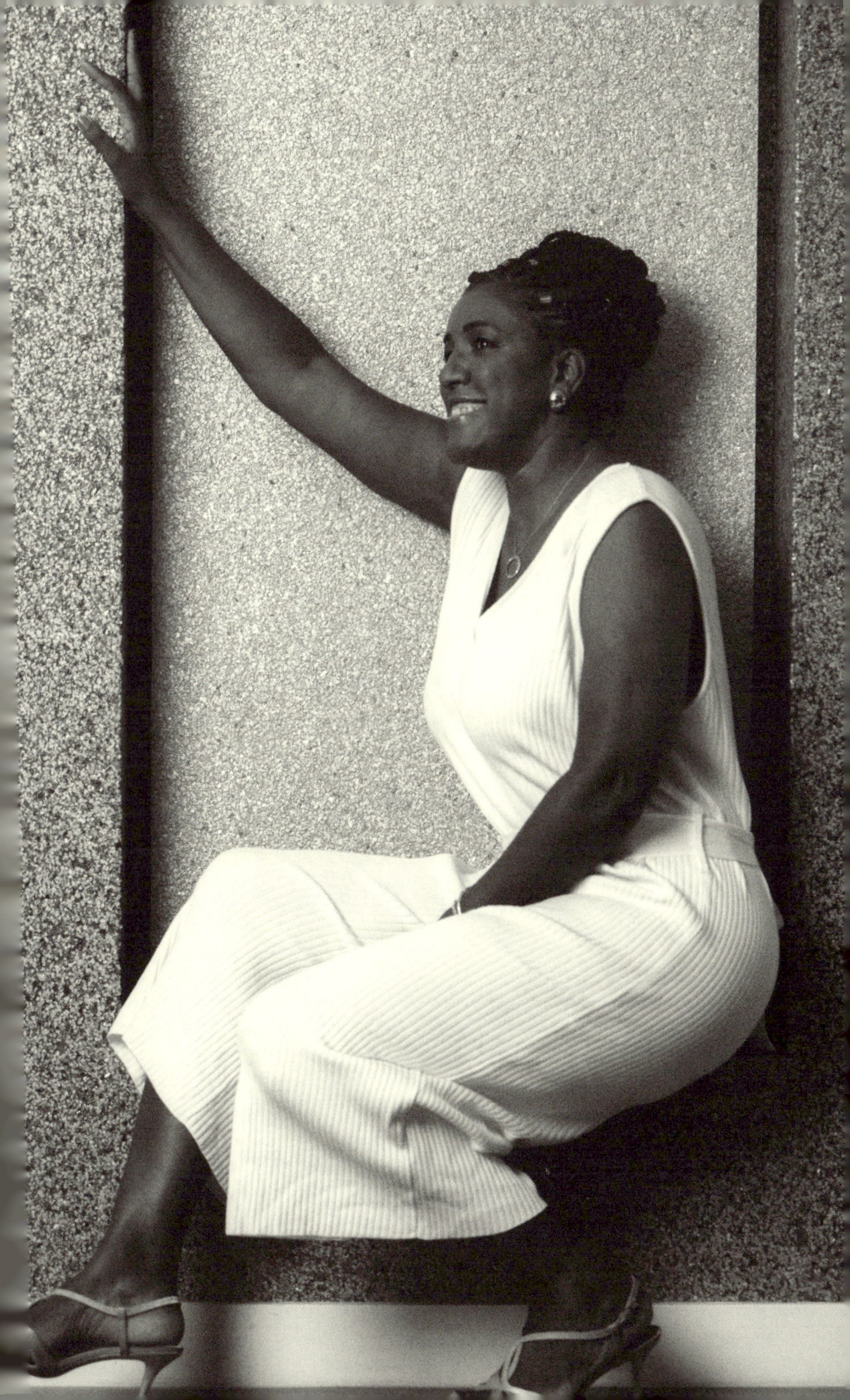

Talentos

Assim que me formei na universidade, sempre busquei agregar valor ao meu currículo. Entendia que o mercado corporativista, meu foco, exigia o nome de instituições consagradas na candidatura das melhores vagas naquela época. Algumas empresas têm esse pensamento ainda nos dias de hoje e ignoram o fato de que perdem muitos talentos com essa prática discriminatória.

Os talentos, afinal de contas, não estão apenas em estabelecimentos de ensino de renome ou restritos ao cromossomo Y — segundo pesquisa realizada pela Talenses e pelo Insper em 2019, somente 13% dos cargos de presidência em corporações no Brasil são ocupados por mulheres.[1] Mas vamos falar melhor sobre isso adiante. Talvez os talentos tenham se tornado invisíveis aos olhos de muitas corporações por sua incapacidade de construir pontes que as levem até os diamantes que se escondem nas periferias, nas escolas públicas, nas faculdades "populares". Eu sei porque... estava lá.

Um de meus maiores orgulhos é o projeto Capacita-me, criado em 2017 e colocado em prática em 2018, cujo objetivo é capacitar

---

[1] Entre presidentes de empresas no Brasil, apenas 13% são mulheres, revela pesquisa. Disponível em: <https://oglobo.globo.com/celina/entre-presidentes-de-empresas-no-brasil-apenas-13-sao-mulheres-revela-pesquisa-24018852>. Acesso em: 26 nov. 2020.

pessoas por intermédio de cursos. Afinal, por meio da educação, podemos criar uma sociedade mais justa, um país melhor e, consequentemente, um mundo melhor. A educação é a base de tudo; em que se constroem os alicerces que fundamentam um caráter, uma carreira, uma vida. Para formar as turmas, buscamos pessoas que desejam crescer no âmbito profissional e pessoal, mas que não recebem oportunidade. Portanto, o instituto é voltado para aqueles que estão em situação de vulnerabilidade, fora do mercado de trabalho e maiores de dezoito anos. Gosto de resumir o projeto em uma equação: Capacita-me = educação + empregabilidade.

Precisamos dar ferramentas para que essas pessoas, que estão muito atrás da linha de partida no momento de conquistar uma colocação no mercado, possam disputar uma boa vaga. A primeira turma, que me enche de orgulho, recebeu a certificação pelo Serviço Nacional de Aprendizagem Comercial (Senac) em abril de 2018, depois de 160 horas de curso. Os temas abordados são variados, como introdução ao varejo, técnicas básicas de venda e apresentação pessoal. As aulas da formação desse time de vendedores aconteceram em sala e fora dela, afinal é necessária uma vivência do mercado para que todos os conceitos fiquem claros, já que, quando formados, os estudantes lidam diretamente com o público.

Devo citar aqui a dedicação incansável de minha irmã, Márcia Maia, que é pedagoga e faz toda a gestão de educação do projeto. Sem ela, nada disso seria possível. Sua filha, a Carol Prates, é muito mais que minha sobrinha, se tornou uma figura importantíssima para o instituto e para a minha vida, atuando como minha assessora há cinco anos. No fim deste capítulo, há um depoimento dela.

E, como não sou boba nem nada, deixo aqui, em meu livro, o convite para que empresários dispostos a investir em pessoas interessadas nos procurem e se tornem voluntários.

A primeira festa de formatura foi incrível! Como você deve ter entendido a esta altura, adoro uma comemoração, e essa não poderia ter sido melhor. Ainda celebramos uma vitória: 60% dos formandos já saíram com entrevistas de emprego marcadas, algo importantíssimo, pois muitos deles chegaram ao mercado de luxo, o que, antes, era algo impensável para a maioria.

Por fim, quero deixar claro que esse sucesso não é uma glória minha, é uma filosofia de vida. Ajudar o próximo é fazer bem para a alma. Não é que eu seja boazinha, mas sim porque esse tipo de atitude é essencial para mim. Faz parte do que aprendi com meus pais. Existe vida nisso. É o bem com o bem.

Com a palavra, Carol Prates:

"Antes de ser a executiva Rachel Maia, ela já era minha tia Quel. Sou a mais velha entre seus dezessete sobrinhos. Sempre tivemos uma ligação e, por isso mesmo, acabei indo trabalhar com ela. Garanto que não foi só por ser da família. As coisas aconteceram gradualmente, fui ajudando em vários assuntos e, quando percebemos, estava no meio de tudo e acabei virando sua assessora. Portanto, quero esclarecer que durante o expediente ela não é minha tia, é minha chefe. Tanto que hoje não consigo mais chamá-la de tia, apenas de Rachel. Mas o lado bom de essa relação ter se iniciado antes é que sei quando ela não gosta de algo só de olhar para ela... e isso facilita muito. Ela é uma pessoa que se cobra muito, exige excelência de si mesma e das pessoas ao seu redor. Rachel é extremamente generosa, porém o trabalho tem que ser muito bem executado, ela não curte coisa malfeita. Sempre penso que ela vai ser eternamente a mulher da excelência. E isso é algo que acho bacana em sua personalidade, porque ela sempre quer o melhor das pessoas e tem um jeito de aflorar o melhor delas. E, pensando nisso, o Capacita-me é um projeto que me orgulha muito. Faço parte dele e sei que vai se tornar ainda maior. O Capacita-me tem feito as empresas adquirirem um olhar mais humano, principalmente sobre como realmente fazer a diferença na questão da diversidade. Apresentamos o projeto para escritórios de advocacia, para grandes magazines e até para uma rede de cosmético de luxo, e boa parte da primeira turma saiu do curso empregada. E esses profissionais são altamente capacitados, são bons! O que promove uma maior conscientização.

Por essas e outras, aprendo demais com a Rachel. Lógico, nem sempre é fácil, e muitas vezes me dá vontade de responder atravessado, mas a gente aprende a lidar com tudo. E sua vida se transformou de alguns anos para cá: ela saiu do conforto do anonimato para se tornar uma pessoa pública, cobrada e cheia de eventos, fazendo questão de cumprir tudo a que se propõe. Se está cansada, se obriga a ter pique. Estou vivendo, literalmente, sua vida, e essa loucura toda assusta. Tenho muito orgulho de vê-la se tornando quem ela é atualmente, trilhando um caminho muito especial e, ao mesmo tempo, muito duro. No entanto, corto um dobrado para conseguir organizar tudo. E, sem falsa modéstia, já que ela pediu que eu contasse o que quisesse, livremente e honestamente, deixo registrado: se não fosse por mim, ela estaria lascada! Produzo as roupas que ela usa, ajudo com o carro, ajudo com a Sarah às vezes, até dou uns toques para ela "voltar pra casinha", se estiver exagerando em algo — e ela pode ser bem exagerada algumas vezes!"

Carol, toda a minha gratidão, amor e carinho. Você está corretíssima quando diz que eu "estaria lascada" sem você. Deus coloca anjos em minha vida, e você é um deles. Obrigada por existir.

De volta à faxina

Ao sair do ramo farmacêutico, fui passar um tempo em Miami com um dos meus irmãos, que se tornou piloto de avião. Continuei atrás de oportunidades, de conhecimento. Mas não foi fácil, pelo contrário. Para fazer bons cursos é preciso investimento, e minhas reservas estavam se esgotando.

Não pensei duas vezes: fui trabalhar como manicure e depiladora em um salão. Uma vez, dei uma queimadinha nas costas de um cliente — daqueles acidentes que acontecem —, e ele quase abriu um processo contra mim (estávamos na "América", afinal). Todavia, consegui contornar a situação.

Também voltei a fazer faxina, sem nenhum problema. Já que, com a grana desse serviço, complementaria o que faltava para pagar os estudos em Miami. Mesmo já tendo me sentado na cadeira de liderança, ter voltado a fazer limpeza na casa de outras pessoas nunca me incomodou. Estava muito bem, obrigada. Nenhum trabalho digno é menor do que outro. Relato sobre essa experiência com muita naturalidade, mas vejo caras de espanto em algumas de minhas palestras motivacionais. Ter respeito à nossa história, às escolhas dignas, nos tornam verdadeiros gigantes.

Para não parecer que estou dizendo da boca para fora, deixo um exemplo: fiz faxina na casa da Vera di Pace, em Miami. Anos depois, quando já estava no ramo das joias, encontrei com ela em uma das lojas luxuosas da empresa em que trabalhava como *chief financial officer* (CFO) — ou, simplesmente, diretora financeira. Isso foi em plena rua Haddock Lobo, no glamour do bairro dos Jardins, em São Paulo. Nos abraçamos, pois ela sempre me tratava de forma gentil e carinhosa, e estávamos felizes pelo reencontro. Uma das vendedoras da loja me indagou:

— Rachel, você conhece a dona Vera?

E respondi:

— Mas claro! Eu já fiz faxina na casa dela em Miami! Você se lembra, Vera?

E Vera respondeu, discreta, quase sussurrando em meu ouvido, com o intuito de me preservar:

— Se não quiser, não precisa falar disso.

Agradeci com um olhar carinhoso, mas fiz questão de falar. Sou eu, é minha história. E não foi só na casa da Vera. Trabalhei também com outras mulheres da alta sociedade. Limpei, por exemplo, a casa da Gisella Amaral. Aliás, para ela, trabalhei até como promoter em alguns de seus eventos. Brilhei, sorrindo para todo mundo. Foram seis meses lá, e me virei bem, com muita integridade.

Aliás, falando nisso, se você escolhe a integridade, no mundo de hoje, sabe que pode perder algumas coisas. Contudo, prefiro dormir com a consciência tranquila e fazer a coisa certa a me manter em uma posição de destaque por intermédio de meios escusos. São escolhas, e essa é a minha.

O mercado de luxo

Ainda focada em aprimorar meus conhecimentos, decidi fazer novos cursos, como um na Harvard Business School. Morei em Boston por três meses, mas havia também passado ou estudado em outras cidades norte-americanas. Além de Miami, Nova York e Chicago, por exemplo. Em Nova York, passei a frequentar cada vez mais museus e galerias de arte. E foi lá que me apaixonei por Pablo Picasso. Poderia passar horas apreciando seus quadros. Como quase tudo que aconteceu em minha vida, o futuro estava disfarçado de uma decisão à primeira vista precipitada. No entanto, trata-se de algo que mudou meu rumo.

Era o ano 2000, e senti que era o momento de retornar ao meu país. Ao mesmo tempo, soube que Paloma Picasso, filha caçula do pintor, estaria no Brasil, participando da inauguração da *flagship* da Tiffany & Co., uma das joalherias mais tradicionais do mundo, na Faria Lima. Juntei minhas coisas, fiz as malas e fui vê-la em São Paulo. Deu tempo de ver a inauguração da loja — apenas pelo lado de fora e por cima do ombro dos seguranças, porém bem de perto.

Um tempo depois, fui abordada por um *headhunter*: uma joalheria procurava trazer um pouco de diversidade por meio dos candidatos apresentados à matriz. O pré-requisito era ter o domínio da língua inglesa. Não era na área automobilística nem na farmacêutica, que eram meu foco, mas, como não estava empregada naquele momento, fui encontrá-los. Completamente tranquila, no caminho, pensava: "Só vou aceitar se não conseguir nada nos setores de meu interesse". Mesmo sendo uma grande admiradora do trabalho de Paloma como designer da Tiffany desde 1980, não era meu objetivo entrar para o mundo das joias, o mercado de luxo.

Entretanto, por meio daqueles caminhos que só Deus conhece, entre mim e os seis candidatos (todos homens), fui a escolhida e aceitei o cargo. Ainda assim, tinha certeza de que não ficaria mais de dois anos na empresa. Coloquei na cabeça que colaboraria para a consolidação da marca no Brasil e voltaria a trabalhar na indústria farmacêutica. Contudo, as coisas começaram a andar com velocidade e, por fim, passei a responder pelas áreas financeira, de RH e de operações. Fui promovida a CFO do Brasil e, quando me dei conta, os dois anos na Tiffany se tornaram sete e meio — e o varejo de luxo já corria em minhas veias.

Sentindo arrepios

Sou movida a paixões. Preciso sentir que vou fazer aquilo a que me disponho da maneira mais dedicada possível. É assim que entendo minha vida. O que, claro, influencia meu trabalho.

Agora, sair do ramo farmacêutico e cair no meio do luxo não é bem, digamos, um caminho "reto". Confesso que, no começo, olhava para aquilo tudo com muita curiosidade e vontade de aprender. No entanto, ainda não me dava arrepios ou frio na barriga. E me lembro, perfeitamente, de quando o mercado de luxo entrou realmente em minhas veias.

Em um dos grandes eventos que promovemos, com ostras e champanhe no menu, olhei para a Paula Lima fazendo seu pocket show no palco, para as pessoas se divertindo, e me vi feliz, me senti extremamente orgulhosa do momento. Ali, naquele exato instante, pensei: "É disso que eu gosto!". Hoje, revejo essa experiência como se estivesse fora de meu corpo, vendo-a de cima. Fiquei arrepiada, foi algo marcante.

Fotos: arquivo pessoal

Celebração com Patty Durães, Valéria Almeida, Maju Coutinho e Paula Lima.

Com a cantora Paula Lima.

A força das mulheres

Muitas das características mencionadas ao longo do que escrevi até agora, como sensibilidade e ação multitarefa, são tidas como próprias das mulheres. No entanto, como citei anteriormente e é importante reforçar, em 2019 apenas 13% de mulheres ocupavam a vaga de presidente nas empresas brasileiras, sendo de 1% a representatividade de mulheres negras nesse grupo.[1] Então, garanto uma coisa: quando nós compusermos cerca de 30% dessas cadeiras, ah, ninguém vai segurar a mulherada! Não será ainda o ideal, claro, mas mostraremos a que viemos.

E quem diz isso, neste momento, é uma Rachel que aprendeu que ser sensível não é ruim. Pelo contrário. É deixar fluir, libertar, inspirar. Não somos máquinas. E faço parte de um mundo corporativo C-Level majoritariamente, ainda, tomado por homens. Estou, portanto, aprendendo que tudo bem ser a parte sensível. Que tudo bem ser feminina. E que preciso cada vez mais ter mulheres ao meu redor, conviver com essas meninas tão poderosas e diversas. Gal Barradas, empreendedora e publicitária, é uma delas. Membro daquele meu grupo de mulheres executivas/ gestoras, conta como

---

[1] Entre presidentes de empresas no Brasil, apenas 13% são mulheres, revela pesquisa. Disponível em: <https://oglobo.globo.com/celina/entre-presidentes-de-empresas-no-brasil-apenas-13-sao-mulheres-revela-pesquisa-24018852>. Acesso em: 26 nov. 2020.

nos conhecemos e como nos aproximamos, mesmo que a primeira impressão tenha sido truncada:

"Quando conheci a Rachel, não simpatizei com ela de imediato. Dividíamos o palco em um evento, e a conheci minutos antes. Ela não havia me dado a menor bola quando a Virginia Any nos apresentou. Fiquei meio irritada com aquilo. Porém, no palco, ao ouvir suas primeiras palavras compreendi seu valor. Não só por sua história, mas pela maneira como a Rachel é capaz de capturar a atenção, uma mistura de simplicidade com sofisticação. Aos poucos, aquela cisma foi se dissipando, e pensei: 'Poxa, que pessoa legal, bem que ela poderia gostar de mim'. Quando tudo terminou, já fora do palco, ela veio falar comigo e disse: 'Gostei muito do que você falou. Vamos nos encontrar para conversar mais?'. E foi assim, por meio da fala, de uma e da outra, que nos conectamos, ultrapassando todo e qualquer pré-conceito que pudesse ter acontecido antes.

Ela me convidou para um almoço com outras mulheres, das quais conhecia três. Ali estavam pessoas com trajetórias diferentes, mas todas focadas no objetivo de se nutrir mutuamente. Nesse grupo, que ainda cultivamos, falamos de assuntos sérios e das coisas mais malucas do mundo. Criamos coisas e ajudamos nos projetos umas das outras. Encontros sem competidoras, em que todo mundo ganha. Esse é um dos grupos de que eu mais gosto de participar. Até no WhatsApp ele é legal!

A Rachel tem as lentes para propor pautas, conversas e/ ou simplesmente fazer encontros por pura diversão. É essa sua forma de aglutinar pessoas que se encaixam, que se reúnem porque sabem que dali vai sair uma coisa boa, sempre com leveza e sabedoria."

Gal, então vou esclarecer aqui: mesmo que não tenha percebido, te amei à primeira vista, algo que nem saberia explicar. Sua sabedoria e seu discernimento me motivam. Mesmo sem palavras, você me instiga a voar. Adoro como você me encoraja só pelo olhar. Mesmo tendo trabalhado em poucas empresas — pois tenho ciclos de sete a nove anos em cada uma delas —, minhas convicções sempre foram muito claras. Quando assumo um novo desafio, organizo a proposta de trabalho e coloco a pretensão salarial. Óbvio que faço uma pesquisa de mercado, dentro do que procuro — afinal de contas, as tabelas salariais não estão separadas por coluna de gênero, e sim de cargo.

Contudo, aprendi a agir desse modo no decorrer da vida. Ou seja, infelizmente, afirmo que já ganhei menos do que um homem em posições equiparadas, disparates consideráveis. Porém me movimentei e, assim que percebi a curva de meu crescimento e de meu desempenho, mostrei a que vim e fui atrás de mudar isso. Em um mundo onde ainda não ganhamos o mesmo que os homens em posição equivalente,[2] nós, mulheres, devemos nos posicionar de alguma maneira, e esse foi o meu caminho.

Infelizmente, também admito: já tive um olhar que se aproximava do machismo quando entrei no universo corporativo. Era uma espécie de defesa. Achava que precisasse agir como um homem

---

[2] Igualdade salarial entre homens e mulheres impactaria o crescimento do PIB e da renda per capita. Disponível em: <https://www.insper.edu.br/conhecimento/conjuntura-economica/igualdade-salarial-entre-homens-mulheres-impactaria-crescimento/>. Acesso em: 26 nov. 2020.
Mulheres conquistam mais diplomas, porém menos empregos, diz OCDE. Relatório da Organização também aponta que a renda delas é 26% menor. Disponível em: <https://oglobo.globo.com/economia/mulheres-conquistam-mais-diplomas-porem-menos-empregos-diz-ocde-23059115>. Acesso em: 26 nov. 2020.

para ser levada a sério. Hoje, na posição em que me encontro e com a segurança que tenho, entendo que não preciso ser igual a eles. Pelo contrário, nos complementamos. Aliás, acho que passou da hora de eles se inspirarem nas mulheres. A transformação só virá com a abertura genuína a novos pensamentos. Corporativismo é aprendizado. Quem acha que sabe tudo está em um bom momento para recomeçar. Gosto dessa disposição de partilhar, de dividir experiências e aprendizados. E deve haver uma mistura maior de idade, de gênero, de etnias, de ideias e de formações. Que venha o novo! Ou o mesmo, mas de forma disruptiva.

Vale ressaltar que você não receberá "sim" em todos os momentos de sua vida, ouvirá provavelmente mais "não". Passará por perrengues e portas serão fechadas em sua cara. Todavia, não podemos ficar apenas no discurso. O sonho é lindo, porém nada supera a ação. Sim, você pode tudo.

Guilherme Samora

Almoço com as meninas poderosas: alegria, troca de informações e suporte. Da esquerda para a direita: Lu Reis, Paula Mageste, Gal Barradas, Carla Assumpção e minha comadre Virginia Any.

Mãe

Estava na Pandora, com menos de sete meses de casa, e não podia acreditar que estava grávida. Tecnicamente, minha gravidez seria quase impossível. Tenho ovário policístico e havia feito cirurgia para a retirada de cisto duas vezes. Meu médico tinha falado que as chances de eu engravidar eram ínfimas. Além disso, estava perto de completar quarenta anos quando recebi essa notícia. Ou seja, a idade deixava o cenário ainda mais complicado.

Justamente em meu aniversário de quarenta anos, convidei toda a família e vários amigos, umas 150 pessoas, para uma festança no sítio. Fizemos três ou quatro times de rúgbi, e a partida era para valer mesmo! Os jogadores eram atirados de um lado para o outro do campo. Era cada trombada de sair com canela roxa e até pé quebrado. Imagine vários brutamontes em um embate esportivo, com muita diversão e risada. Esse era o cenário. Não sabia, mas já estava grávida. A festa foi no dia 30 de janeiro, quando comemoramos também o aniversário de outros familiares: minha tia Verinha, minha irmã mais velha, Iolanda, e minhas sobrinhas Aline e Thais — como se eu precisasse de motivo para fazer uma festinha.

Pois bem, logo depois do aniversário, de volta para São Paulo, estranhava ser meados de fevereiro e minha menstruação estar atrasada. Fiz um teste de farmácia.

Positivo.
Fiz outro teste.
Positivo.
"Mas não é possível! Não tem jeito de isso acontecer", pensava. Fiz um terceiro teste de farmácia.
Positivo.
Fui até meu médico, que também não acreditou, e fizemos um teste de laboratório.
Positivo.
Ele ainda ficou com receio de ser alarme falso. Outro teste de laboratório e...
positivo!
Senti um misto de felicidade, de surpresa, e me perguntava: "Como vou contar para meu pai? Ferrou!". Não estava namorando, mas adorava beijar na boca. Isso deixa a vida mais gostosa, mais leve. Nesse caso, foi mais que um beijo, com um grande amigo que tenho desde a faculdade, o Waldo. E então liguei para a Nite, uma de minhas grandes e melhores amigas da vida, que é minha prima e que, claro, também estava naquela farra do rúgbi. Dei uma enrolada e... joguei:
— Estou grávida.
Nite ficou muda. Não a preparei e joguei a bomba. Acho até que ela pode nos contar melhor sobre sua reação. Com a palavra, minha querida prima-amiga-conselheira:

"Eu lembro que, depois de ficar muda, tentando falar alguma coisa, ela repetiu que estava grávida. Continuei muda até ter uma crise de riso. Não sei o motivo, mas ria descontroladamente. Não esperava aquela notícia. Esperava qualquer outra coisa, menos a notícia de uma gravidez da Rachel. Depois que me acalmei, fui assimilando e perguntei como, quando, onde, e ela me contou: foi em uma viagem a passeio com o amigo chileno dela. Foi uma coisa muito louca. Eu não o conhecia pessoalmente, só das histórias que ela me contava sobre ele. Mas me lembro perfeitamente de como me senti quando ela me contou, muito feliz. Fiquei em uma felicidade que consigo sentir até hoje. Sempre soube que ela seria uma boa mãe. Ela é muito cuidadora, tem muitos sobrinhos, uma família enorme. E sempre fomos unidas, na saúde e na doença, na alegria e na tristeza, na riqueza e na pobreza. Quando ela era criança, ia para sua casa e jogávamos truco. Recordo-me claramente de tudo, até por causa da importância que uma tem na história da outra. E foi ainda mais bonito o que aconteceu a seguir. Após um tempo, estava na casa de sua mãe, e a Rachel voltando da Suíça. Ela chegou com uma latinha de chocolates e falou: 'Essa eu trouxe pra madrinha da Sarah', e me entregou. Fiquei parada, as lágrimas escorrendo."

Como vocês podem ver, Nite é muito emotiva. Um exagero, meu Deus! Chora até lendo gibi e assistindo a desenho animado. Mas a maior característica dela é essa parceria, essa amizade. Foi essa fidelidade que me ajudou em um momento confuso. Nós nos definimos como "juntas e misturadas".

Contando para a família

E então, havia o seu Antônio. Contar para meu pai foi o mais difícil. Ele é reservado e bastante conservador. Com as filhas, mais ainda. Imagine com a mais nova delas! Vivendo uma batalha interior, decidi que contaria por telefone. Tomei coragem, liguei e contei. Ele não falou nada. Nada. E desligou o telefone. Quase morri de desespero. Ele esperou até que nos encontrássemos no fim de semana para uma conversa séria, a portas fechadas, em seu quarto.

Quando repeti a meu pai que seria mãe, que estava solteira e que tudo bem, aquele foi o primeiro grande "sim" que eu me disse. Foi o momento em que peguei as rédeas de minha vida e a botei no rumo que acreditava ser o melhor para mim naquele momento. Vi em seu rosto o olhar de reprovação. Li em sua expressão aquela frase: "Filha, não foi isso que eu sonhei para você".

Contudo, já saí falando que era isso que desejava para mim. Não planejei, mas aconteceu e estava tudo certo. Mesmo assim, ele me falou algo muito forte:

— Filha, você sabe que está me dando uma punhalada pelas costas. Mas saiba que sempre estarei com você, em qualquer decisão que tomar na vida.

Se escrever essa frase hoje ainda é pesado, imagine na época, grávida e sensível, ouvi-la? Quando se está nesse "estado de graça", grávida, tudo parece estar sob uma lupa. Tudo aumenta. As alegrias, as tristezas. Uma conversa atravessada vira um grande problema. Então, eu chorava, me sentia só. Todavia, apenas consegui compreender e me abrir sobre isso na terapia depois que a Sarah nasceu. Com seu nascimento, senti uma solidão dolorida. Estava gerando uma vida, o que me trazia felicidade, mas queria também proteger meu pai e minha mãe de decepções, o que não foi possível.

Minha mãe — e trata-se de uma característica sua — deu apoio incondicional. Embora não entendesse bem o fato de eu estar grávida de um amigo, apoiou. É óbvio que, como sempre foi catequista, muito religiosa, não posso dizer que tenha me olhado cheia de felicidade e sem nenhum julgamento. Ainda que eu fosse uma pessoa tão independente, para os pais sempre conservaremos uma característica meio infantil. Entre minhas irmãs e meus irmãos, recebi apoio de formas diferentes. Exceto da Sandra, que falou comigo poucas vezes durante a gravidez, e, mesmo confusa, preferi respeitar. E veja só como as coisas são: hoje a Sandra é a pessoa mais próxima de minha filha, Sarah Maria.

No entanto, devo registrar que não deixei de fazer nada que fazia antes. Era catequista como minha mãe, então conversei com o padre de minha paróquia para que eu me afastasse. Afinal, achava que não fosse pegar bem uma mulher que não era casada e que estava grávida ser catequista. Lembro-me até hoje das palavras do padre Jesus:

— Filha, de minha igreja você não vai sair. Vai continuar sendo catequista, sim. A briga vai ser boa, mas estou com você.

O misto de apoio de alguns e de decepção de outros, claro, me levou a uma montanha-russa de emoções. Hoje, compreendo as decepções da seguinte forma: as pessoas de meu meio têm uma expectativa grande sobre mim. Muitas vezes, acerca de algo que beira a perfeição. Era como se eu tivesse falhado, o que não poderia ser algo da Rachel Maia. Para eles, minha história não combinava com essa gravidez, estando solteira. Então, ter pessoas como a Nite ao meu lado foi essencial. Até por isso, ela tinha que ser a madrinha de minha filha, pois me apoiou demais, sem questionar, sem julgar, com muito amor.

Conforme a barriga foi crescendo, vivi uma fase solitária. Chorava sozinha no quarto a olhando. Porém devo ressaltar que me conectei imensamente com a divindade de gerar um ser, e o amor que sentia parecia arrebentar meu peito. Não sabia explicar. Agradecia a Deus pelo milagre de gerar uma vida. Entendia, a cada dia que passava, quanto aquela experiência era importante. Tanto que jamais, em momento algum, pensei em interromper a gravidez. Aborto nunca havia sido uma opção. Sentia que precisava da Sarah Maria em minha vida. Só que, antes da alegria, carreguei minha cruz... e foi pesada.

O nascimento

O nascimento da Sarah foi uma alegria em vários aspectos. Não coloco nela a responsabilidade de preencher um vazio em mim ou de tirar alguma solidão que venha a ter sentido. Isso seria injusto com qualquer criança. Mas ela chegou e quebrou o gelo. Todos que estavam meio distantes, meu pai e Sandra especialmente, se derreteram com aquela bebê, que sempre foi linda. Devo ressaltar que não culpo nenhum dos dois. Eles são muito parecidos — incluindo a dificuldade de aceitar o novo ou o inesperado, e aquela gravidez representava isso para eles. Então, quando Sarah veio ao mundo, meu pai e ela viraram um grude. Aliás, são assim até hoje. Do mesmo modo, minha mãe ficou derretida por aquela menininha.

    Quando o bebê ainda está na barriga, a mãe sente por ele um amor que não se explica, misturado à curiosidade de conhecer aquele ser... Contudo, ao ouvir outras mães dizendo que, já no nascimento, sentiam um amor incondicional pelo filho, achava que eu deveria ter algum defeito de fábrica, afinal não foi exatamente assim comigo. Óbvio que sempre existiu uma conexão, uma vontade de cuidar, mas o amor que sinto pela Sarah hoje é maior do que o de ontem e infinitamente maior do que quando ela nasceu. Aquele amor que te consome, pelo qual você vive e morre por seu filho, foi sendo construído.

Sarah nunca foi chorona, pelo contrário. Tranquila, com doze dias de vida já dormia sozinha em seu quarto a noite toda. Todavia, ser mãe é complexo. Tudo muda. Envolve uma mistura louca de sentimentos, e tudo foi crescendo em mim. Hoje, entendo, graças à terapia e ao ter dividido essa história com algumas amigas, que esse sentimento é normal, não é um defeito de fábrica. Cada mãe tem seu jeito. Cada história de amor e de maternidade tem um caminho. Nem eu e nenhuma outra mãe que passa por isso devemos nos culpar. Devo, sim, celebrar esse amor avassalador e enorme que construí com minha filha. O momento pós-nascimento é um tempo de reconhecimento. De olhar para aquele serzinho que chegou e entender aquela personalidade. É um período de apresentação e de aprendizado. E, quando vi, estava apaixonada.

Devo dizer que Waldo, pai da Sarah, é muito presente. Esteve lá quando ela nasceu. É um amigo fiel, que sempre esteve ao meu lado (mais adiante, contarei a importância de um grande gesto seu em minha vida). Frequenta minha casa toda semana, e estamos sempre muito alinhados no que diz respeito à criação dela.

Na época do nascimento da Sarah, como comentei, tinha entrado recentemente na Pandora, e meu chefe, o presidente da empresa na Europa e na América Latina, veio me visitar. Embora repleto de consideração e de formalidade, um ato do tipo não deixa de ser bastante delicado. Estava sensível, havia acabado de passar por uma cesárea e estava com os mamilos machucados devido à amamentação — sentia muita dor. Como foi complicado!

Porém, jamais, de maneira alguma, me imagino sem minha Sarah Maria. Sua presença tocou meu lado humano da forma mais profunda, assim como o profissional também. Quando se senta nas principais cadeiras, existe uma tendência de se cristalizar. Ficamos em função de tantas demandas, de tantas solicitações, que podemos acabar nos esquecendo do lado humano

— e, o principal, de que estamos lidando com pessoas em fases diferentes de aprendizado. Como profissional, já errei ao desconsiderar isso. Graças à Sarah, que rompeu essa tendência em mim, reaprendi a olhar o outro de forma sincera e compreendi que cada um tem seu tempo.

Por fim, o fato é que voltei a trabalhar vinte dias depois que a Sarah Maria nasceu. Sei que muitas mães vão me julgar por essa escolha, mas senti que precisava fazer isso. Havia sido contratada para conquistar o sucesso da marca. Então, decidi voltar. A vida é feita de escolhas. Certas ou erradas, são nossas escolhas.

Fotos: arquivo pessoal

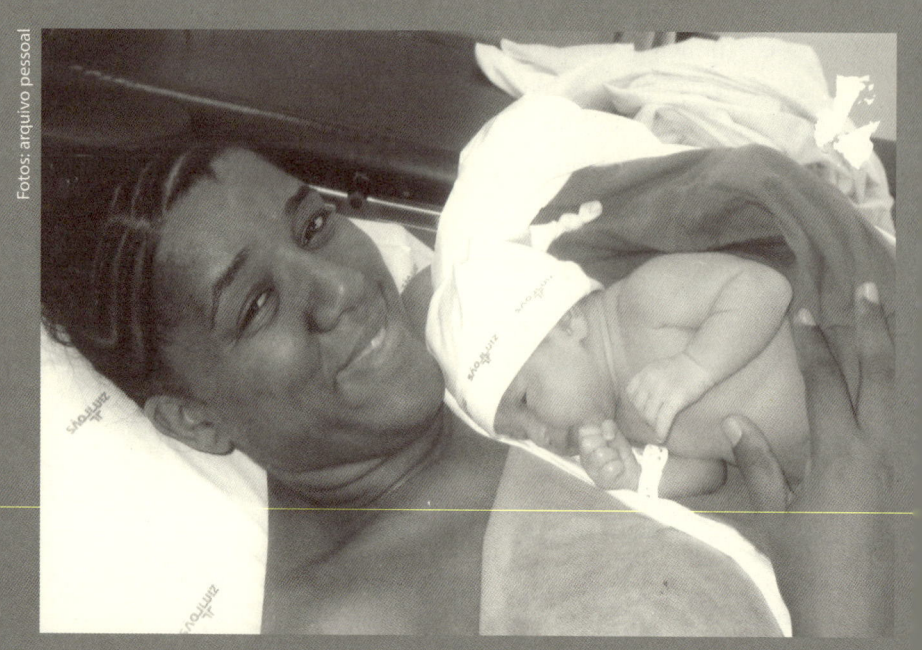

Um dos dias mais emocionantes de minha vida: o nascimento de Sarah Maria.

Com Sandra, sua madrinha, no Santuário de Fátima, em Portugal.

Com o padre Rafael Ferreira.

O retorno ao trabalho

Diferentemente da maioria das mães, tive o privilégio de ter minha filha perto de mim no trabalho. Montamos um pequeno berçário no escritório da avenida Engenheiro Luís Carlos Berrini, na pequena sala de reunião, e eu contava com a ajuda da Regiane, a babá que ficou quatro anos comigo. Eu parecia uma vaca leiteira no meio das reuniões: começava a vazar, então pedia licença, tirava o leite e voltava à mesma pauta.

Mas até nisso Sarah me deu uma lição importantíssima: a de que uma mulher pode — e deve — estar naquela cadeira. E, de repente, eu estava lá, mesmo vazando leite. Não há nada mais feminino do que isso. Aliás, meu feminino estava me avisando que eu não poderia esquecê-lo. Estava mostrando que é isto que sou: uma mulher. E que eu só conseguiria vencer aquele desafio se fosse quem sou de verdade, uma mulher forte, decidida, porém sensível e muito humana. Um dia, Sarah, você lerá isto, e quero te agradecer por esses momentos e pedir para que nunca se desculpe por ser mulher. Essa é uma de suas maiores fortalezas.

Passado algum tempo, quando percebi, todos no trabalho queriam um pouquinho da Sarah Maria. Ela trouxe leveza para aquela missão que, com certeza, foi essencial. E, em casa, todo mundo se apaixonava mais por ela a cada dia. Até mesmo na paróquia, onde ela interpretou Jesus no presépio vivo, em seu primeiro aninho. Não chorou na celebração, e foi tudo muito bacana.

Depois que Sarah nasceu, passei a entender melhor minha mãe. Hoje, sou muito empática ao imaginar as dificuldades pelas quais ela passou — ainda mais com tantos filhos. Algo em que penso sempre é que, como éramos sete crianças, ela não tinha o tempo livre que posso gastar com a Sarah. Eu me sento, deito, leio e brinco com minha filha. Minha mãe não teve essa oportunidade. Quando todos estavam dormindo, ela ainda precisava trabalhar. Sem dúvida, trata-se de uma vida mais sofrida e mais desafiadora que a minha. E a agradeço muito por tudo o que ela viveu para poder proporcionar para mim e meus irmãos a vida que temos hoje.

Sim, repito, o nascimento da Sarah Maria foi um divisor de águas em minha vida. E não me pesa nada ser responsável por essa criança. Pelo contrário, me completa. É engraçado que, às vezes, acordo no meio da noite e corro para vê-la dormindo. Recentemente, tinha uma viagem marcada e fiz isso. Ficava pensando: "Vou abraçá-la bem apertado porque vou passar alguns dias fora".

Hoje, no momento em que escrevo estas linhas, Sarah tem nove anos. Pedi para que falasse um pouco de seu olhar sobre mim, com muita honestidade:

"Eu gosto de aproveitar o tempo que eu tenho com ela. Minha mãe trabalha bastante, e eu não passo com ela o tempo todo que eu queria. Mas aproveito todas as horas que estou com ela. Eu gosto de ver minha mãe feliz e com bastante coisa boa acontecendo, mas eu falo sempre que ela precisa tomar cuidado para não ficar com muita coisa para fazer e poder descansar. Eu gosto quando a gente pode brincar, viajar e quando ela faz lição comigo.

Matemática é o que eu mais gosto. E minha mãe também! Sou tão boa em matemática que não tenho que apagar nada. Faço tudo certinho. Em casa, minha mãe gosta de cozinhar, e eu adoro ajudar na cozinha. Ajudo no feijão, no arroz. Gosto de fazer batatas. Eu quero ser uma grande cozinheira, ter restaurante e fazer bolo, doces. Eu também estou na catequese. Minha mãe trabalha na igreja, e eu gosto de ir até lá com ela."

Como deu para ver, Sarah me dá alguns puxões de orelha quando a vida está muito corrida. Desde que ela chegou, tento me manter mais equilibrada. Nem sempre consigo, mas tento.

Ser mãe era um desejo que sempre existiu. Antes de engravidar, meu projeto era, um dia, adotar. Sempre quis sentir o que era ter um filho, o divino de ser mãe, independentemente de estar ou não com alguém — em função de dados estatísticos e de minha própria percepção de que a mulher negra tem mais dificuldade de encontrar alguém para dividir a vida, mas tratarei disso melhor mais adiante.

Quando a Sarah fez três anos, fui aprovada no processo de adoção e entrei na fila. Apenas pedi que a criança tivesse de zero a quatro anos, para ser justa com a minha filha, pois queria que ela fosse a irmã mais velha. Ah, e fiz outra solicitação: que fosse um menino negro ou pardo.

Sarah participou de três entrevistas do processo, com a psicóloga da Vara da Infância. Foi lindo, ela se sentiu à vontade e garantiu: "Eu quero um irmãozinho".

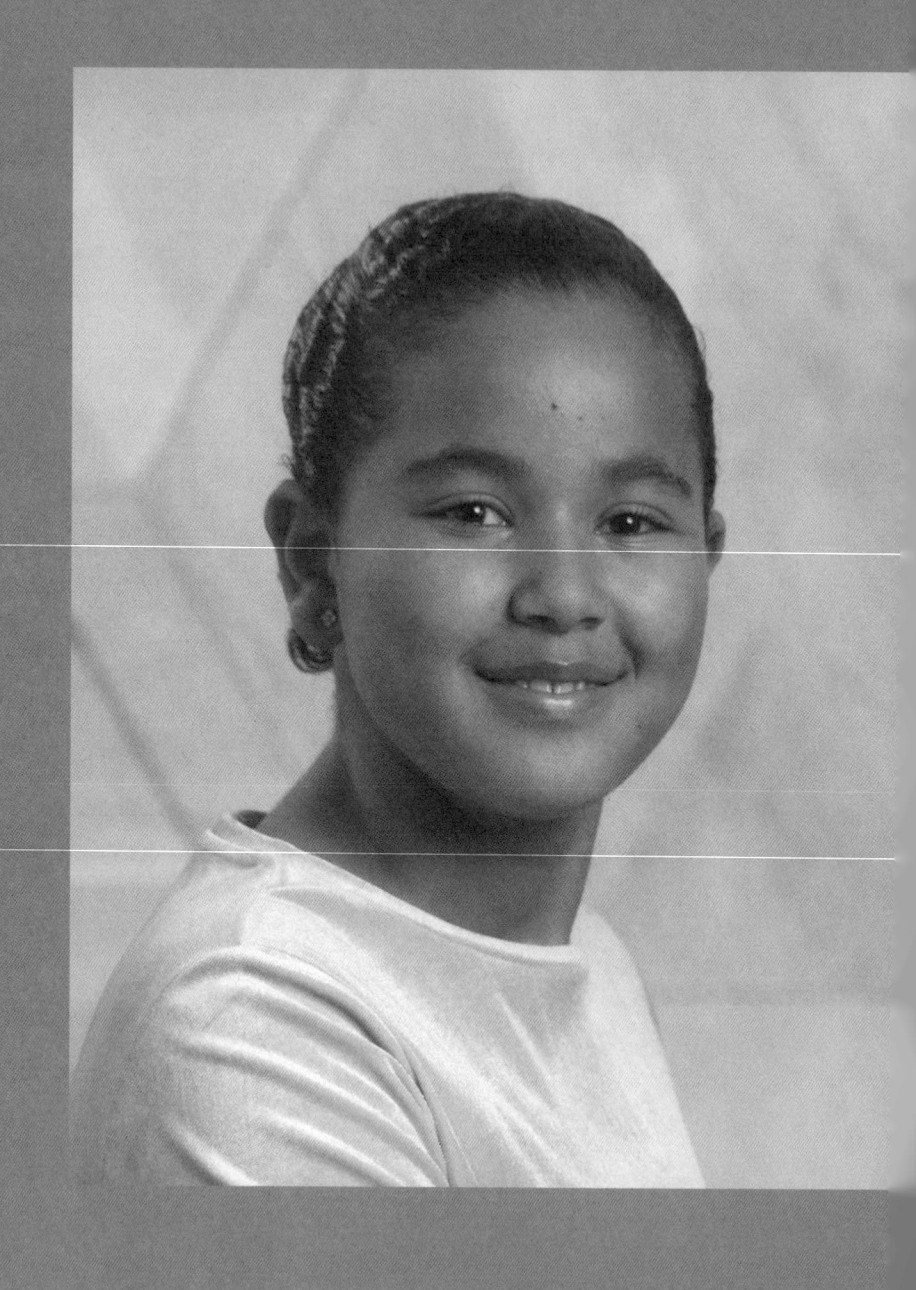

Sarah e eu em foto recente: cumplicidade.

A grande virada
em minha vida

Em minha trajetória profissional, aprendi algo fundamental ao longo dos anos. Pode até parecer bem óbvio, mas quando se está sentado em uma cadeira de líder, nem sempre vemos os detalhes com tanta clareza. Tendemos a olhar para o macro. Com o que, então, o líder vai se preocupar de primeira? Com receita, despesas e Ebit.[1] Somos colocados naquela posição para trazer resultados. Entretanto, aprendi que funcionários felizes trazem melhores resultados — e, curiosamente, em 2019, fiz um evento no Rio de Janeiro no qual fui nomeada embaixadora da felicidade. Nunca havia me visto assim. Talvez nunca tivesse notado quanto a felicidade é inerente a mim se não fosse a chegada de minha filha. Sarah permitiu que eu me visse a partir dos olhos das pessoas que estão à minha volta, no campo profissional e também no pessoal. Particularmente, com minha maneira de levar a vida, não tenho a capacidade de dividir tão fortemente o profissional do pessoal. E Sarah Maria me deu esta primeira percepção: a de que tudo é dinâmico e que não dá para "virar a chavinha", me transformar na Rachel de casa e me isolar de tudo o que faço fora dela. A Rachel mãe está em mim o tempo todo, assim como a Rachel profissional.

1 O Ebit, *earnings before interest and taxes* [lucro antes de juros e tributos], é um indicador de lucro fundamental nas empresas.

Vou dar um exemplo bem claro do que estou falando. Inúmeras vezes, pedi para que levassem minha filha ao escritório. Justamente por saber que não conseguiria sair antes das dez da noite e por querer vê-la antes que ela dormisse. A babá e Sarah então chegavam, e minha filha espalhava brinquedos por todos os cantos. Eu ficava abraçando e beijando a pequena, e pedia uma pizza. Sempre voltava para casa com a Sarah dormindo em meus braços. Muitas vezes as pessoas me perguntavam:
— Rachel, você é feliz dessa forma?
E me pegava pensando: minha vida corporativa me faz feliz. Minha filha é parte de minha vida. É natural, portanto, que ela participe de tudo, afinal eu a incluí em minha vida — claro, com algumas adaptações, porque filhos não vêm com manual. Trata-se de um aprendizado diário.

Com esse tsunâmi que foi a chegada de Sarah em minha vida, fui me tornando mais sensível ao meu entorno. Certa vez, notei um de meus funcionários mais próximos tratando outro de maneira dura, quase rude, sem motivo. Eu o chamei de lado e questionei se havia algo de errado. Descobri que era um problema pessoal, que estava passando por um período difícil. Por isso, pergunto: como se separa completamente o que se passa em casa e o que se passa na empresa? As coisas acabam se mesclando. Acabei me usando como exemplo para aquele colaborador, quase como em uma sessão de terapia ou de coaching, disse que eu mesma já havia tido minhas desilusões pessoais (quem nunca?) e que, sem querer, levamos essas frustrações para o trabalho.

A questão é: como perceber isso tudo? Contato. Para que exista a felicidade, o orgulho de trabalhar naquela empresa, as pessoas têm que estar conectadas. E quem está em um cargo de chefia precisa "sair de lá de cima", descer do pedestal. Passava um tempo com meus colaboradores diversas vezes, tomava café na copa (adoro um bom pão com manteiga pela manhã). Reafirmo que não podemos ignorar que a posição de quem toma as decisões é solitária — não se compartilha tudo —, mas sua equipe direta precisa entender que você está ali. A distância se tornará cada vez maior se isso não partir da chefia. Tive que aprender a ter a sensibilidade de perceber momentos em que nos distanciávamos e pensar: "Está na hora de fazer uma pausa e ir até eles".

Alguns sinais que facilitaram minha percepção:

- O mau andamento de algum projeto;
- O tom de voz do colaborador;
- A frustração de aparentemente não estar sendo bem recebida;
- Um pedido de demissão sem causa aparente.

Ir até eles e compreender que posso mudar a rota do que está sendo proposto, mas chegando ao mesmo objetivo, é importantíssimo. Não basta ser um bom líder e saber dos números, você deve ter inteligência emocional para perceber e sentir seu entorno. Repito, grifo e reafirmo: sozinho não se faz nada e não se chega a lugar algum.

Sarah é dona de
sua própria história

Já considero a Sarah uma pessoa melhor do que eu. Ela vê certas coisas e me dá uns toques. Por exemplo, se estou muito atarefada com algo e acabo me esquecendo de cumprimentar alguém:

— Mãe, passamos por uma pessoa, e a senhora não deu bom-dia. Não foi bacana.

Graças a ela, sem perceber, talvez eu esteja deixando um bom legado. Essa importância do respeito ao próximo é algo que me emociona e que ela tem muito forte em sua essência, ainda que, muitas vezes, acabe preterida sem notar. Ela tem um cabelo afro — lindo, cheio de cachos —, e já vi amiguinhos a menosprezando em algumas situações, como quando se reúnem para tirar uma fotografia e não a convidam. Sarah, no entanto, é tão boa e respeitosa que trata de entender aquilo de seu jeito. Mas, com certeza, presenciar isso me assusta e me entristece. Sei que preciso aprender a lidar com essas circunstâncias, porém, além disso, gostaria de poder dizer aos pais que prestem atenção a esse tipo de atitude. Que compreendam e passem aos filhos o conceito de respeito, de amor e de diversidade, para que não discriminem crianças como ela. Para que cor de pele, etnia, gênero e quaisquer diferenças não sejam motivo de exclusão.

Provavelmente, por eu ter vivenciado experiências semelhantes de preconceito, seja difícil observar a Sarah passando pelo mesmo. Contudo, sei que devo apenas dar suporte, pois a luta é de minha filha. Ela é que deve criar sua estrutura, escrever a própria história.

Fotos: Guilherme Samora

No aniversário de Sarah Maria, com seus padrinhos: padre Magal e Eunice, a Nite. Com esses dois, é só alegria!

Preconceito existe?

Desde muito nova, compreendi que uma mulher negra não teria as mesmas chances de uma mulher branca ao longo da vida, por exemplo, a de se casar. E, como mencionei em outra passagem, além de minha percepção, há dados estatísticos que comprovam isso.[1] Hoje, sinto muita segurança para tratar desse assunto, para expor esse sentimento, mas era assim: quando eu saía para um baile, chegava um momento em que todos iam para a pista de dança e eu não era convidada para dançar por nenhum dos meninos. E sabe o que eu fazia? Dançava sozinha! Dançava com minhas amigas, me divertia. Geralmente, éramos eu e a Nite, minha parceira de balada. E Nite pode também testemunhar o fato de que ninguém "chegava" em nós:

> "Todas as vezes que nós saímos — e não foram poucas —, nunca ficamos com ninguém. Não me lembro de vir um

[1] "A mulher negra não é vista como um sujeito para ser amado." Para a ativista do feminismo negro Stephanie Ribeiro, 52,52% (dado do IBGE) da população feminina negra vive, hoje no Brasil, em "celibato definitivo". Disponível em: <https://claudia.abril.com.br/sua-vida/a-mulher-negra-nao-e-vista-como-um-sujeito-para-ser-amado/>. Acesso em: 30 nov. 2020.
A solidão tem cor: o sofrimento das mulheres negras no Brasil. Disponível em: <https://observatorio3setor.org.br/carrossel/a-solidao-tem-cor-o-sofrimento-das-mulheres-negras-no-brasil/>. Acesso em: 30 nov. 2020.

moço nos paquerar. Mas a gente se divertia, nosso foco se tornou outro. Para nós, era pura diversão. Nossas noites eram incríveis."

Falando de namoro sério agora, tive quatro namorados, porém não foram tão duradouros. Atualmente, enxergo isso de forma mais madura. O assunto "namoro" em casa era meio complicado. Minha mãe sempre exigiu muito, sempre se preocupou bastante comigo. Sou a filha mais nova e, como ela acompanhou o casamento infeliz de algumas de minhas irmãs, temia por mim. Tanto que só fui perder a virgindade aos 21 anos. Além disso, não havia essa de namorado dormir em casa. Imagine a periferia de vinte anos atrás: era quase uma cidade do interior, a mentalidade era outra. Fazíamos festa junina na rua de terra e assávamos batata-doce sentados na calçada.

Da faculdade, guardo momentos incríveis, embora tenha havido situações complicadas também. O Waldo, pai de minha filha, foi um amigo logo no começo e esteve ao meu lado desde sempre em relação à questão racial. Ele e meu grupo de amigos eram muito atentos no que dizia respeito a alguma discriminação. Sempre fui uma pessoa bastante alegre, animada, então costumava levar todos para minha casa, para comer, fazer trabalho, como já comentei antes. E eles não deixavam ninguém rir de mim.

A presença do preconceito no mundo é muito verdadeira e real. Lembro-me até hoje de "brincadeiras" do tipo:

— Ué, Rachel, seu carro é preto para combinar com você?

E esse é só um exemplo, sem contar outras situações que meus amigos, para me preservar, não me contavam. Certa vez, o Waldo e nosso grupo de amigos chegaram a brigar, no soco, com alguns caras que estavam falando mal de mim — apenas soube disso muito tempo depois. Como sempre viajávamos juntos, alguns uma vez os questionaram:

— Mas vocês vão levar aquela preta?

Relato essas histórias também como um alerta para as pessoas. Hoje, se fala muito de bullying, mas em minha época, não tinha nome. E quem faz bullying aponta também o corpo, o gênero... considerado diferente aquele que se posiciona fora da caixinha. Tudo para minar a coragem e a autoestima da pessoa atacada. Acompanho com muita preocupação a crescente quantidade de crianças e adolescentes que tiram a vida por causa de provocações que recebem. Nem todos têm estrutura para aguentar "brincadeiras" que podem ser muito pesadas.

Por outro lado, cada vez mais, percebo com alegria que as pessoas também estão muito mais empoderadas e lutando por seu espaço. Sempre me vi nessa posição. Mesmo diante dessas questões delicadas, minha postura era a de enfrentar tudo com garra. Encontrava coragem para seguir e mostrar que eu era maior do que quem apontava o dedo para mim. Meu pai já havia me avisado que quanto mais eu quisesse galgar, mais quisesse conquistar, mais difícil seria. Sempre dizia que teríamos que brigar muito mais do que qualquer pessoa branca para conseguir alguma coisa. Contudo, foi solitário passar por tanta coisa sem compartilhar, ainda que tenha sido uma decisão minha agir assim. Hoje, ao conversar com as pessoas ao meu redor, digo que compartilhar essas situações é essencial. A dor não é só sua, pois outros estão passando por circunstâncias muito parecidas. Dividir é, inclusive, encontrar novos caminhos, unir forças e coragem para mudar o mundo.

Uma vez, estive na Suíça para apresentar os resultados da empresa em que trabalhava. E o fiz de forma tão espetacular, destacando os dois dígitos de crescimento, que, ao final, um dos investidores veio até mim e falou:

— Rachel, olha esses números! Você nem precisa mais se considerar negra.
Nem sabia o que falar. Ele acreditava ter feito um elogio. Sim, achou que estivesse me elogiando genuinamente. Tentei me manter calma. Não discuti, porque sabia que íamos nos reunir mais tarde, e minha maneira de resolver as coisas não é no grito. Saímos para beber um vinho, o chamei de lado e falei:
— Você sabe que o que falou não foi um elogio, certo?
— Do que você está falando, Rachel?
— De quando você disse que eu não "precisava me considerar negra". Eu poderia ter tratado isso de maneira diferente, que não pegaria bem para você.

Foi um momento delicado. Sabe quando você quer passar uma borracha no acontecimento por não acreditar no que ocorreu? Porém foi importante ter me posicionado, precisava dizer quão grave havia sido aquela fala. E percebi que, ali, com minha coragem de expor a situação, posso ter mudado a mentalidade de alguém.

Diversas vezes, por causa de meu cargo ou por ter sido conselheira em Brasília, sentei-me nas primeiras fileiras de eventos importantes. E foram incontáveis também as ocasiões em que me olharam atravessado. Era nítido o olhar de "o que ela está fazendo aqui?". Incomodava por ser mulher, ou negra, ou ser mais alta, ou ter autoconfiança. Não sei exatamente a razão, mas também não me importo muito com ela. E se eu tiver que trabalhar o dobro, o triplo do que a maioria, embora ache bastante injusto, assim farei. Não é isso que vai me tirar do circuito, pelo contrário! Episódios desse tipo me dão ainda mais gana de trabalhar, de lutar. Espero de verdade que as meninas que estejam vindo por aí encontrem um caminho bem mais aberto do que eu encontrei. É por isso que continuo lutando.

No dia a dia, muita gente vem falar comigo. Pessoas de etnia e de gênero diversos, bastante articuladas no geral. Elas, eles e elxs me têm como um exemplo. Assim, começo a sentir a responsabilidade que minha figura representa. E não fujo dela. Até por isso escrevo este livro com honestidade e tantas histórias.

Muitas vezes, ainda me assusto com episódios de racismo que presencio ou que ouço. É importante que nós não aceitemos, que não normalizemos isso. A luta contra o racismo estrutural, contra a falta de oportunidades que existe no Brasil — este país que passou quase quatro séculos escravizando negros africanos e os trazendo para cá acorrentados para que servissem aos brancos de graça —, deve ser de todos. Não se trata de uma luta apenas das pessoas de pele preta, é também responsabilidade dos brancos. O momento é de união, para que todos os pretos e os pardos tenham as mesmas possibilidades de estudar e de se dar bem na vida.

Acredito, sinceramente, que perante Deus somos todos iguais — olha minha fé me descrevendo novamente. As pessoas precisam ser empregadas por aquilo que sabem fazer, pelo currículo, pela competência e pela capacidade. Não pela cor nem pelo gênero. Meu sonho ainda é viver em um mundo em que eu seja apenas a CEO Rachel. E ponto-final, não a CEO mulher, negra, da periferia, Rachel.

O pioneirismo, ao mesmo tempo que dá certo orgulho — afinal, poxa, contrariando estatísticas, cheguei lá! —, não me deixa feliz. Até quando mulheres negras chegarem aonde cheguei será considerado um feito? Somente quando isso for um fato comum, um fato banal, ficarei feliz de verdade.

Para encerrar, um relato da Taís Araújo, uma mulher poderosa, que admiro muito. Juntas, tivemos — e teremos — parcerias incríveis:

"A primeira vez que eu soube da Rachel foi há anos, quando ela ainda trabalhava na Tiffany. Foi quando ela me contratou para fazer um lançamento de uma joia, e, depois, ao ingressar na Pandora, me contratou de novo. Só que eu não liguei uma pessoa à outra na época. Após isso, a gente se tornou amiga, fui almoçar na casa dela, nossos filhos se juntaram.

Acho a Rachel uma figura muito importante, porque ela representa — fora da televisão — uma referência para as meninas que querem trabalhar em grandes empresas e que não querem ser artistas. As pessoas falam muito pra mim: 'Você representa, tem representatividade, as meninas te acham possível'. Só que nem todo mundo nesse Brasil quer ser artista. E é muito legal ter uma mulher dentro de uma empresa, com o cargo do tamanho que a Rachel tem, em quem as meninas também possam se inspirar.

Ela é uma grande referência. Até para mim, uma artista, que não trabalha dentro de uma grande empresa como CEO. Saber da existência dela me fortalece."

Eu gosto é de cores!

Não tenho como falar de minha trajetória sem me colocar como mulher. Por isso, volta e meia, esse tópico aparece naturalmente neste livro. Ao olhar para trás, vejo que minha família já era empoderada, mesmo que não usássemos esse termo. Nenhuma mulher de minha família jamais aceitou ser considerada inferior a um homem. Além disso, contei sobre a predominância masculina nos cargos mais altos nas empresas.

Durante esses anos, aprendi que é preciso sempre ter pulso firme e não embarcar na onda de ficar "cinzinha". Explico: querem você apagada, de terninho cinza, sem mostrar seu estilo e quem realmente é. Eu gosto do diverso, eu gosto é de cores.

Trata-se de uma linha bem tênue. Vamos imaginar a seguinte situação: estou com um vestido bonito, colorido, como gosto. Se eu perguntar para um presidente homem se ele acha que a roupa está apropriada, a maioria responderá: "Seria melhor algo mais discreto" — ou alguma variação disso. Pode apostar.

O que fazer? Particularmente, não dou brecha. Não pergunto nada nem me importo com o que possam pensar. A meu ver, não há nada mais valioso do que respeitarmos nossa identidade. E meus resultados falam muito por mim. É isso o que vale, não se estou de terninho cinza.

O valor do tempo

Se tem algo que prezo é o tempo. Seu valor é inestimável. Às vezes, abuso dele. Quando realizo algo que domino, faço o melhor do tempo — seja minutos, seja horas. Trata-se de uma sensação que me move de tal maneira que não quero nem sair de perto do projeto até que eu o conclua.

No entanto, ao encerrá-lo, quando desejo realmente ter tempo para mim, me desconecto. E, nesse caso, também quero o tempo a meu favor. Gosto muito de descansar, adoro dormir, me dá um prazer danado ficar deitada na cama, em meu quarto. Não é preciso estar em atividade o tempo todo, ao contrário. O tal do "fazer nada" é importantíssimo, aprecio isso. Não sou de fechar a porta — uma de minhas características é manter as portas sempre abertas, lembra? —, a não ser quando o tempo é para mim.

Na presença de meus filhos, o tempo também é sagrado. Por exemplo, quando estou ajudando a Sarah com a lição de casa, meu foco é ela. Gosto de cozinhar algo especial para eles. Do mesmo modo, ao visitar minha família, sou deles.

Além disso, gosto de sair. Gosto de namorar, de transar, de beijar. Preciso de tempo para isso. Não dá — e isso não é vergonha nenhuma — para deixar certas coisas de lado e colocar todo seu tempo no trabalho. Não faz bem para ninguém. Há muita gente que se vangloria de ser workaholic, de viver para o trabalho, mas a verdade é que isso não é saudável — assim como apenas procrastinar. Como o equilíbrio é importante! A vida é feita de momentos. E todos eles importam para me fazer feliz, tranquila e, portanto, uma boa profissional.

Adoro ficar em casa. E, sem qualquer compromisso, gosto de cozinhar.

Fotos: Guilherme Samora

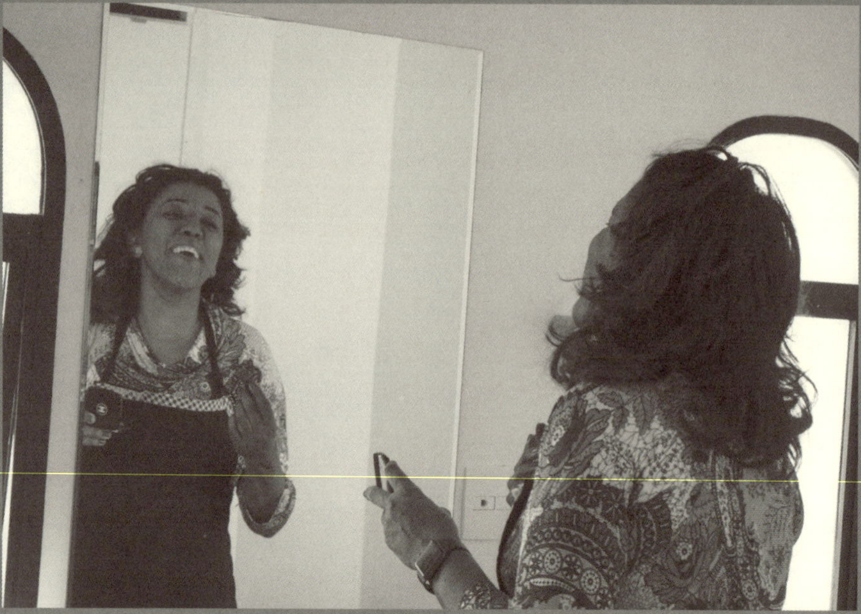
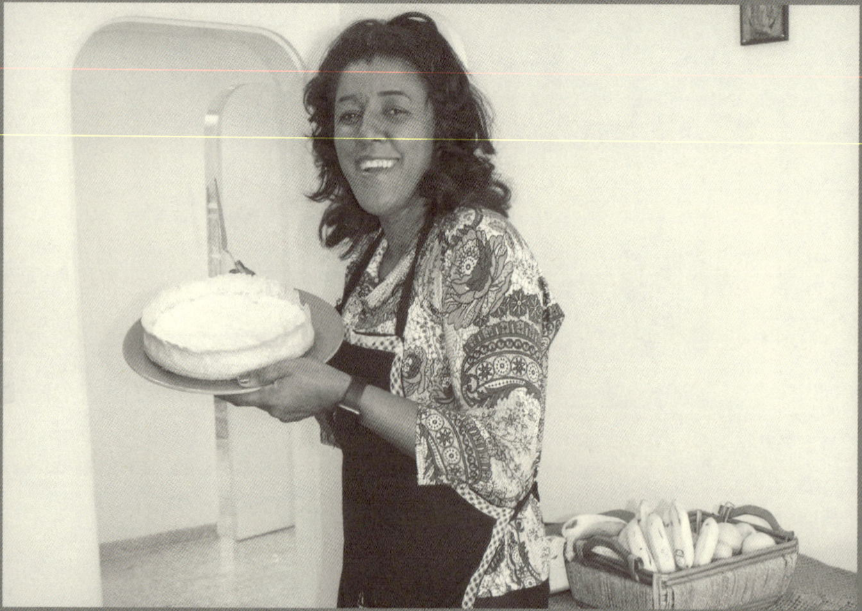

Na casa de meus pais, ajudando Sarah Maria com a lição da escola.

O fortalecimento
de uma marca

Minha trajetória na segunda joalheria em que trabalhei foi marcada pelo risco. Nem o *franchising master* acreditou muito em minhas ideias. O principal ponto é que, depois de dois anos no mercado, não entendiam como não havia ainda um *payback*, existia o desejo de um retorno do investimento de qualquer jeito.

Quando ingressei na empresa, meu plano girava em torno, principalmente, de dois pilares desacreditados. Primeiro, havia a loja do Shopping Ibirapuera. Lá, investi de meu próprio dinheiro. Ninguém confiava em minha proposta. Não se considerava o shopping tão bonito nem que tivesse um grande atrativo comercial. Mas, segundo minha visão de marca, acreditava que aquele centro de compras fosse praticamente uma ilha para quem mora ou trabalha por lá. Quase tudo ali gira em torno do shopping, há uma parcela da sociedade que precisa passar por aquele lugar de qualquer forma.

Além disso, outro fator pesava contra mim: estávamos no pior ponto do Ibirapuera, no último piso, no último corredor, no penúltimo estabelecimento, ao lado de uma lojinha de artigos diversos. Ouvi muita gente dizer: "Você é louca". Contudo, sabia que precisava do bairro de Moema, das pessoas que moram lá. E, por fim, aquela unidade se tornou um marco para a Pandora.

Segundo, insisti no *e-commerce*. Era necessário ter uma venda robusta pela internet. Juntaria o prestígio da marca — intensificado pelo sucesso da loja do Ibirapuera e das que foram sendo inauguradas em seguida — a um canal de venda digital para atender todos que quisessem adquirir on-line os produtos da Pandora. Essa inserção aconteceu em 2013 — embora também sem muito investimento. Tudo foi organizado com a cara e a coragem. E, claro, com o comprometimento de uma equipe maravilhosa. A marca foi pioneira no *e-commerce* dentro de seu mercado. Tratava-se de uma ideia óbvia: a transformação digital deve ter lugar nas empresas; caso contrário, a instituição está fora do jogo.

Prata é joia, sim

Mesmo com todas as adversidades que citei no capítulo anterior, nada, em momento algum de minha etapa profissional na Pandora, se assemelhou ao desafio de mostrar à brasileira que prata é joia, sim. Esse não foi um pedido de fora, porque a empresa não tinha esse entendimento de que, no Brasil, existia certa dificuldade de compreender que, assim como ouro e pedras preciosas, prata também tem prestígio. Estava em uma empresa com 35 anos de história, mas que ainda engatinhava em nosso país. E essa percepção de estabelecer a marca em um posicionamento premium, desejável, veio de mim.

Foi fundamental que eu tivesse vindo de uma marca como a anterior, de luxo, consolidada e desejada. Por isso, queria trazer esse componente do desejo. E como faria isso aqui se, para a maioria, a prata não representava joia? Como fazer os braceletes se tornarem um objeto desejável aqui? Esse processo, claro, envolveu muito planejamento e marketing, mas uma mudança como essa só se dá por meio de *consumer experience*. É um trabalho de formiguinha. De loja em loja, de consumidor em consumidor. Começamos a trazer o desejo de colecionar joia como uma lembrança, como algo emotivo. Então, percebi algo muito importante: era preciso humanizar, dar uma cara para a marca.

Uma cara para a marca

Quando a equipe de fora esteve no Brasil para o lançamento do *e-commerce*, apresentei o plano de que só conseguiríamos dar o próximo passo se a marca tivesse uma cara. Aliás, estava disposta a explorar minha própria imagem — e isso foi fundamental. Curiosamente, essa foi uma percepção que tive do mercado brasileiro. A marca é a marca. E, claro, ela sempre será a dominante do processo. Mas quem está fazendo a marca? Há um ser humano por trás dela, certo? Não são máquinas. Nesta época de tanta exposição em redes sociais, não se pode desconsiderar esse ponto. Além disso, em um país economicamente em crise, como disseminar o pensamento de que é legal comprar joia? Humanizando a marca. Logo que expus essa ideia a meus superiores, eles ficaram meio perdidos. O presidente global não dava entrevista, o presidente das Américas não se mostrava. Havia um paradigma para quebrar.

  Eu — a esta altura você já sabe bem — sempre fui "das pessoas". Sempre gostei de estar no meio de todo mundo. Não entendia o motivo de isso ser diferente na empresa. Por isso, pensei: "Vou apostar nesse projeto!". Acreditava que se colocasse meu rosto em destaque daria à marca uma credibilidade maior. Os consumidores teriam alguém em quem confiar — ou para reclamar, o que fosse.

Então, meti as caras: dei entrevistas, comecei a aparecer, a fazer palestras. E deu certo. Aquele "próximo passo" aconteceu. A proposta foi tão bem-sucedida que, nos encontros com os presidentes do mundo tudo, eu era apontada como um caso de sucesso, e mostrar que minha estratégia estava dando certo era recompensador. Ser a pioneira em sua empresa e apresentar ótimos resultados é incrível. E digo mais: em meu desafio seguinte, a notícia de que eu ocuparia a cadeira de CEO teve 2 milhões de visualizações na internet. Isso mostra que eu estava correta ao entender que associar meu rosto à marca era bom para ambos os lados.

Tem que ser de verdade

Oferecer a própria imagem a uma marca é um passo que exige muita reflexão. De certo modo, você vira a linha de frente da empresa — e se essa ação não for feita com verdade, integridade e respeito ao outro, pode se voltar contra você. Sabe aquela velha cena de chefe que, enfurecido, dá um soco na mesa? Pois é, esse cara está fadado ao fracasso. Infelizmente, o assédio moral ainda é uma questão séria nas empresas. O superior que acredita que pode gritar com o funcionário, que menospreza a equipe, ou mesmo o que não vai até a ponta, seja de uma indústria, de uma fábrica, seja de um escritório, estará fora do jogo. E se a pessoa age desse jeito, não vai querer se expor ou ser a cara de marca nenhuma. O motivo? É simples: imagine o tanto de colaboradores e de ex-funcionários que criticará essa escolha.

Não estou dizendo que o apreço pelo chefe precisa ser unânime. Ninguém agrada a todo mundo. Contudo, deve haver coerência. Na Pandora, sempre me sentei para almoçar com todos, conforme minha agenda permitia. A copeira que trabalhava lá na época achava aquele gesto — que deveria ser considerado natural — tão legal que seu carinho por mim a deixou até mesmo enciumada. Ninguém podia levar um café para mim ou um bolinho sem antes passar por ela. Ela me conhecia extremamente bem! Só pelo fato de tratá-la de maneira humana, por deixá-la chegar até mim, ela trabalhava com muita alegria. Enfim, ligar-se de forma genuína às pessoas é o melhor jeito para aguçar o que elas têm de melhor. E isso não tem preço.

Capa de revista

Mesmo dando uma cara à marca, nunca tive a pretensão de ser capa de revista. E isso aconteceu pela primeira vez em abril de 2017, em uma publicação voltada a negócios e a empresários. A história gerou uma repercussão tão grande que o presidente da empresa veio dos Estados Unidos me perguntar como aquela capa afetaria o negócio.

Sabia que seria bom para a marca, mas, sinceramente, confesso que fiquei com medo. Entendo muito mais do meio corporativo. Esse é o meu pedaço, afinal sou uma executiva. Contudo, todas as minhas amigas da mídia falavam da importância de minha voz, de meu rosto, da confiança que emprestava para a marca. Então, respondi a meu presidente:

— Se você acha que, neste momento, isso pode atrapalhar, vou desistir de dar entrevistas. Mas acho que estou humanizando a marca dessa forma.

Ele analisou, analisou... E acabou me dando total apoio. A partir daí, tudo correu de maneira mais fácil. Nunca tinha sequer sonhado que meu currículo me levaria para a capa de uma revista. Mais tarde, acabei fazendo ainda capas de revistas femininas. Outro passo para a marca — e para mim.

Todavia, veio também um medo: tive receio em relação à segurança de minha filha com toda aquela exposição. Nesse meio-tempo, no fim de 2017, fui convidada para o programa *Encontro com Fátima Bernardes*. Ela me perguntou como eu estava lidando com o fato de me tornar conhecida. E respondi:

— Eu não estou lidando tão diretamente. É um dia após o outro.

E era isso mesmo. Se planejasse com detalhes, jamais aconteceria tudo aquilo. E percebi que era possível ir levando essas coisas. O medo foi passando, fui me sentindo mais segura. E hoje lido melhor com isso. Mas sei o que sou: uma executiva que inspira outras pessoas. E, para fazer isso, preciso também estar na mídia. Uma das pessoas que mais me ajudam nesse meio é a Paula Mageste, jornalista e diretora editorial, que faz parte de meu grupo de mulheres poderosas, do qual já falei algumas vezes:

"A Rachel é daquelas raras e maravilhosas pessoas que conseguem distribuir o sucesso que tem. Quando ela chega a um lugar de destaque, não guarda isso só para ela. Faz questão de ir à mídia para representar essa possibilidade para as mulheres, para as mulheres negras. Ela usa o que conquistou e o poder que adquiriu para abrir caminhos para outras pessoas. Não está só sentada à mesa dos grandes, não se contenta em chegar ao grupinho de CEOs. Ela vai para a mídia, ela se coloca como voz, como liderança. Quando uma mulher chega a um cargo de CEO numa empresa internacional e no mercado de luxo, é uma afirmação muito importante para todas as mulheres de que esse lugar existe para elas também. De que esse lugar pode ser aspirado por elas, por mais único que ele seja, por mais raro e difícil que seja. Mas acho que a mensagem mais importante é para as meninas e, principalmente, para as meninas negras: nem todo mundo quer ser presidente, mas é um recado de que é possível. A representatividade é o motor desse processo. Ela pode olhar para a Rachel e ver que esse lugar existe, que há uma possibilidade. E ela vai, se prepara para isso e sabe que um dia ela pode chegar lá. Afinal, alguém chegou. Uma mulher, como ela. Negra, como ela. Isso é muito importante. Faltam exemplos para as meninas negras do que elas podem ser. Ainda mais numa sociedade que coloca muitas barreiras para as mulheres."

Ao pensar nessa responsabilidade, hoje entendo que meu papel é maior. Além disso, conheci — e vou conhecer — muita gente bacana por ter ganhado apoio na mídia. E, para mim, está dando certo. Um desses amigos é o Bruno Gagliasso, que também tem seu espaço neste livro:

"A Rachel foi uma referência, uma base, um apoio sem preço na chegada de nossa primeira filha, Titi, quando tivemos que lidar com questões cuja profundidade desconhecíamos. Ficamos muito felizes que, por meio deste livro, muitas outras pessoas possam ter contato com o conhecimento, com a energia e com o axé dessa mulher cuja história de vida é muito inspiradora para a nossa família."

Fotos: Guilherme Samora

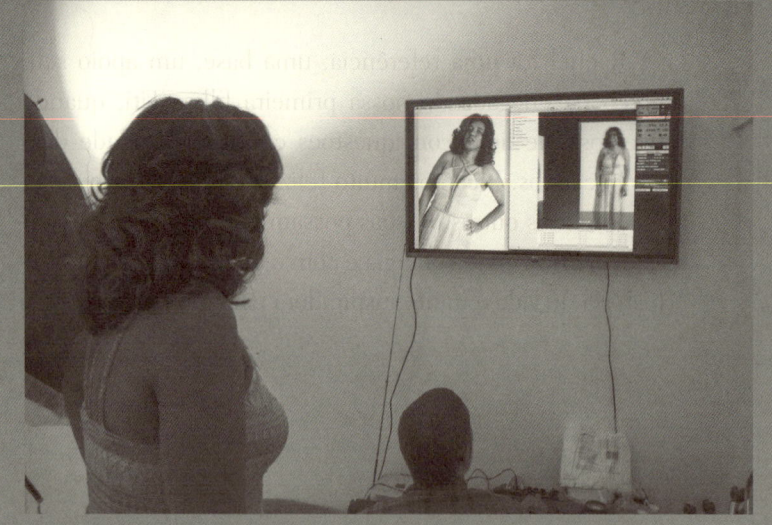

Sessão de fotos para uma das capas que fiz para a revista *Raça*. Também estive em capas da *Você S/A*, da *Forbes*, da *Claudia*… Glamour? Que nada! Depois da sessão de fotos, estava atrasada para outro compromisso e saí correndo pelas ruas do bairro de Pinheiros, em São Paulo, toda montada.

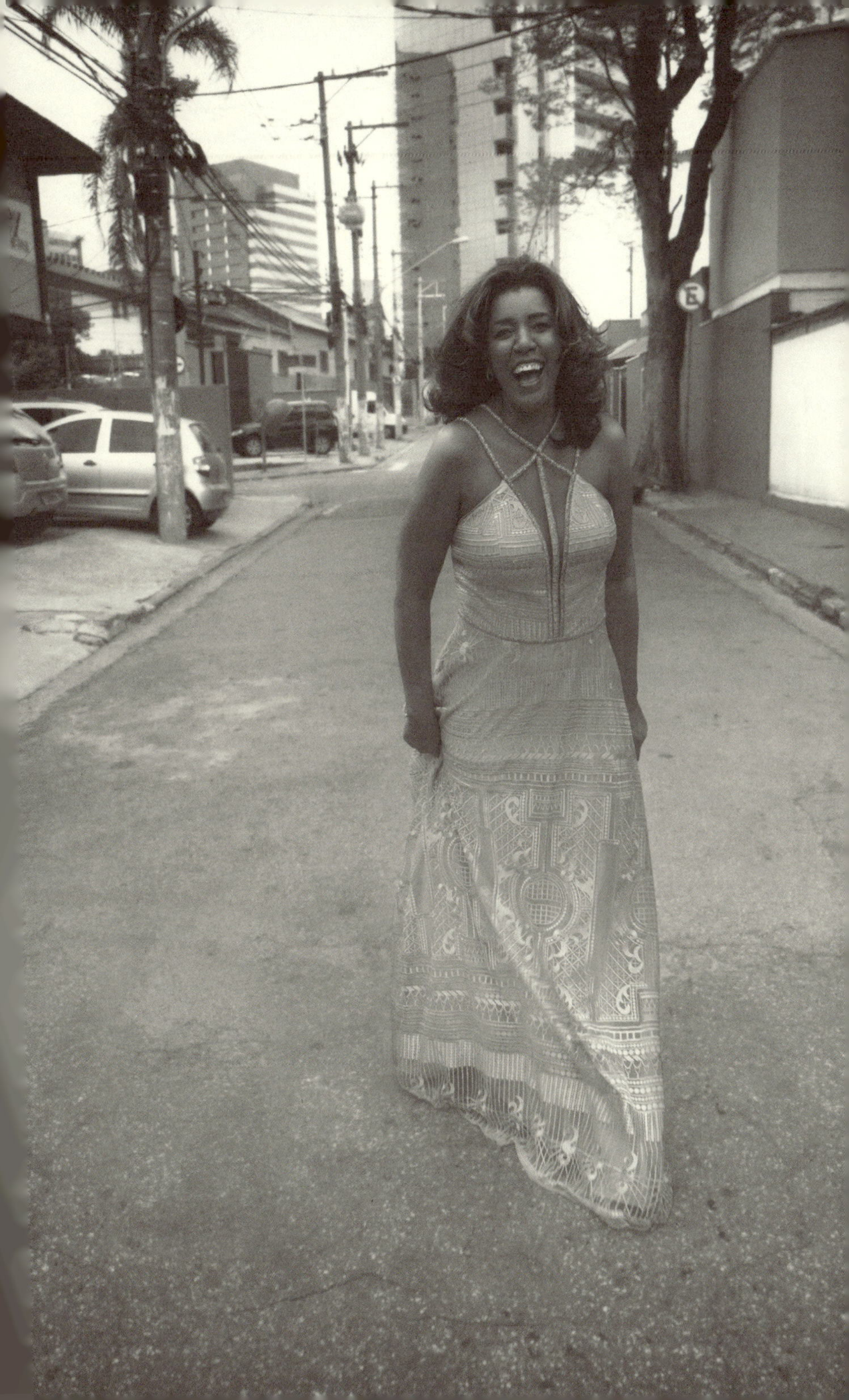

Yes, we can!

Ser reconhecida abre portas, e um dos fatos mais marcantes provenientes disso foi meu encontro com Barack Obama. Poxa, afinal, sou a mensagem de que *yes, we can*! Ele esteve aqui em 2017, a convite do *Valor Econômico*, como palestrante do Fórum Cidadão Global. A palestra estava lotada. O ex-presidente dos Estados Unidos tem uma oratória e uma inteligência dignas de nota — falar disso, aliás, é chover no molhado.

Ao final do evento, doze pessoas foram convidadas a posar para uma foto com ele, e eu era a única mulher negra. Chegamos a conversar, e ele me falou que sentia orgulho de mim. Pode parecer bobagem, mas naquele momento senti a união da comunidade. Senti também que até Obama achou minha presença ali importante.

Lembro que, quando recebi o convite para participar do Fórum e soube da possibilidade de tirar uma foto ao lado de Obama, enviei todos os documentos necessários para a seleção, que passaram até pelo FBI. Contudo, apesar da incerteza, minha intuição dizia que daria certo. Quem diria que aquela menina comum, que saiu da periferia de São Paulo, estaria ali, posando com o primeiro presidente negro da história dos Estados Unidos? Ok, minhas pernas tremiam, mas acho que cumpri bem meu papel. E a foto até que saiu bonita.

Com Barack Obama, em 2017.

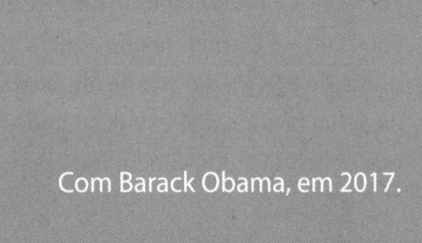

Arquivo pessoal

Quando eu choro

Eu choro. Choro sozinha em minha cama, choro debaixo do chuveiro, choro dirigindo, choro ouvindo música — que, aliás, é muito importante para mim. O mundo não é fácil. Dificilmente temos facilidades para ir até a próxima página. Sentimos tantas vezes como se houvesse um grande complô contra nós, o que torna tudo mais difícil. E, quanto mais você cresce, menos cadeiras existem. Vivemos em uma época em que tudo vira uma grande disputa. Há cada vez menos humanidade, cada vez menos ajuda. É natural do mundo excluir o diferente, então é preciso ter força e coragem. Nesse caminho, pode bater a tristeza. Quando fico triste, escolho me recolher. Ficar sozinha em casa, em meu quarto, o dia inteiro. E está tudo certo — desde que não se torne um hábito. Tanto que esses meus momentos de reclusão passam. Se você que está lendo este livro tem sintomas de depressão, doença muito séria e que ainda hoje é carregada de preconceitos e de informações erradas, procure ajuda profissional. Isso é ter coragem.

Nesses meus atos de recolhimento, em que me sinto fracassada, eu choro. Acho que a primeira vez que senti isso foi quando decidi ser comissária de bordo e meu pai não apoiou. Decidiu por mim que eu seria contadora. Aquilo, para mim, foi um fracasso.

Como pessoa, me senti péssima. Hoje, agradeço a meu pai, mas naquele momento foi bastante difícil.

No Canadá, no curso de inglês, queria ter saído com o nível máster, mas não consegui. Minha certificação havia sido alta, porém não o suficiente para obter o nível máximo. Como sou muito exigente comigo mesma, não o ter atingido me causou dor física. Naquela ocasião, em que minha vida girava em torno de aprender inglês, aquela frustração foi como um redemoinho, me senti uma merda. Não havia chegado até onde planejei. Apenas os anos me fizeram entender quanto eu estava capacitada para subir vários degraus. O universo é muito maior do que nosso ego, que necessita de cuidado. Por isso, vamos celebrar o que aconteceu de bom e não só focar o ruim. Pode ter certeza de que dessa forma tudo melhorará.

Rezo muito e, quando estou mal, também faço minhas orações. Tenho várias discussões com Deus. Acho que Ele, às vezes, deve pensar: "Lá vem você, Rachel, pegar no meu pé de novo...".

Sempre acho que há pessoas mais capacitadas, mais inteligentes, do que eu. E Ele me coloca em umas situações das quais acho que não vou conseguir sair. Então, discuto com Ele:

— Poxa, como eu fui entrar nessa? Eu não vou conseguir.

Todavia, Ele me colocou em tanta coisa que jamais imaginei, e tudo deu tão certo que Ele deve acreditar em mim para concretizar Seus planos. Portanto, me esforço. Não sou um gênio, sou esforçada. E tenho essa consciência. Além disso, sei que uma pessoa esforçada consegue ver oportunidades. Se eu focasse apenas aquilo em que sou muito boa, talvez não fosse essa grande maestra que sou hoje. Pois, como já disse, consigo olhar para todos os lados e ter uma visão abrangente.

E, bem, vou confessar algo: quando algum namorado me dá um pé na bunda — e vários já fizeram isso —, também discuto com Deus:

— Eu sou tão legal, sou gostosa, porque isso está acontecendo de novo? Pode me explicar?

Reflito com Ele. Então, me dou conta de que fui intransigente em algum momento. Ou que sou perfeccionista demais. Vou fazendo um balanço das coisas. Por exemplo: há minha profissão, minha altura, meu jeito de levar a vida. Isso assusta. Penso que aquela pessoa, talvez, não conseguisse levar tão bem o fato de eu ser como sou. Assim, as coisas vão clareando em minha cabeça. Deus tem ótimos argumentos. Não adianta querer discutir com Ele.

Um tempo para mim

Nessas dos planos de Deus para mim, ao terminar um ciclo de sete anos em minha segunda experiência no ramo das joias, notei que aquele era um momento essencial para me dedicar a mim mesma. Para me reciclar, me reconectar e executar planos que não conseguia colocar em prática por falta de tempo.

Frequentemente, quando estou almoçando ou andando pelas ruas, sou abordada por pessoas que, sem saber, me alertam para isso. Falam coisas lindas, dizem que me consideram um exemplo. Todos os dias acontece algo assim. Demorei para lidar com esses encontros e estou ainda hoje processando melhor o impacto que posso causar nas pessoas. Recebo muitos pedidos para que eu compartilhe minha experiência. Por isso, percorro este Brasil — e até outros países — dando palestras, juntando grupos, contando minha experiência. Nunca imaginei que pudesse ser tão requisitada para ministrar esses eventos, com temas diversos, focados em varejo e em experiência do consumidor, mas também em gênero, em etnia, em quebra de paradigmas.

Me conectei a grupos de mulheres que lutam por representatividade, me dediquei ainda mais ao projeto Capacita-me, reciclei conhecimentos. Adicionalmente, atuei (e atuo) como mentora de executivos negros talentosos já inseridos no universo corporativo, empreendedores ou intraempreendedores.

Em casa, Sarah Maria adorou esse tempo, já que pude ficar mais com ela. Seu aniversário de 2018 foi todo planejado por nós duas, e pudemos viver uma festa linda desde o início. Quando olho para trás, percebo claramente que cada passo que dei, cada movimento que fiz, me trouxe o aprendizado necessário para desempenhar essas atividades que hoje são tão gratificantes e que, por sua vez, me trazem novos aprendizados.

Trata-se de um respiro fundamental, mas muito produtivo. E que me preparou para meu próximo passo, para o novo desafio.

Arquivo pessoal

É fundamental ouvir
e ter mentores

Erika Jereissati é minha mentora da parte comercial. Logo que recebi o desafio de trabalhar com joias pela segunda vez, corri para ela, com a maior cara de pau, e perguntei:

— O que devo fazer com esse universo novo que se abriu para mim?

Com a maior boa vontade, ela me disse como estava a marca no mercado e a percepção brasileira sobre ela — que não existia. Então, me aconselhou:

— Você precisa pensar e agir em pontos estratégicos, primeiro para que a marca passe a existir. Quando ela se estabelecer, a partir daí, você pensa nos locais onde vai abrir as lojas.

Para mim ficou claro, depois disso, que meu primeiro passo comercial deveria ser focar a marca. E, como não sou boba, quando ingressei na Lacoste, empresa de roupas e acessórios, lá fui eu conversar novamente com a Erika. Tivemos uma reunião de dezessete minutos, bem do jeito que gosto, com ideias de lojas que deveriam ser reabertas, além de lojas-conceito. O encontro foi muito proveitoso. Imagine você que cheguei, falei sobre meu momento, ela fez perguntas estratégicas, respondi, ela relatou suas observações em cima do que eu disse, nos abraçamos e saí. Pronto. Não sei sobre tudo, e ouvir pessoas experientes e que têm um olhar de mercado é de extrema importância. Portanto, anote, memorize, guarde: tenha humildade para admitir que não sabe tudo; tenha humildade para ouvir, para reconhecer que aquela ideia — que não saiu de você — pode ser vital para um projeto.

Me desculpe,
eu estava errada

Muitas vezes, é extremamente difícil dizer essas palavras. Para tanta gente, o ato de pedir desculpas ou de reconhecer um erro é algo impensável. Em minha vida, inconcebível é não fazer isso. Me desculpar, se cometi algum erro, é muito importante. E reconhecer no olhar da pessoa que ela me desculpou é essencial.

Aliás, minha sensibilidade me mostra exatamente se o colaborador levou a sério e aceitou o que eu disse ou se apenas concordou por eu ser sua superior. Em uma empresa, existem muitos times. Muitas pessoas, muitas responsabilidades. A tendência é ir, executar e passar para o próximo assunto. Especialmente em empresas globais, há diretrizes, com regras e procedimentos, que precisam ser implementadas. No geral, quem não se adéqua salta fora. E, nesse caso, surge um questionamento: o que é, de fato, um funcionário se adequar ou você, como um bom líder, adequar as regras a um país e a uma realidade diferentes? Essa sensibilidade na implementação, na adaptação à realidade, demora. Formar uma equipe e colocá-la para funcionar não é tão simples.

Diversas vezes, voltei do exterior cheia de diretrizes. Tudo muito bom, tudo muito bem. No entanto, ao chegar aqui, a realidade é diferente, o timing é outro. A demanda do mercado local é outra. Não adianta forçar a barra do universo corporativo de lá.

É necessário entender seu funcionário e seu mercado. E poder, dentro das regras da empresa, investir mais ou menos em alguns pontos para que, realmente, haja um bom retorno. Cada um tem expertises diferentes. Características próprias, sua personalidade pronta, que nem sempre se aproximam das diretrizes de uma empresa. Por isso, tenho a consciência de que um presidente, um CEO ou um executivo de alto escalão está ali para ser interrompido, sim. Está ali para responder a questionamentos pertinentes, sim. Ao longo de muitos desses questionamentos, percebi que estava errada e que o ponto de vista do outro fazia muito mais sentido. Isso não é vergonha e repito: já estive completamente errada muitas vezes. Já investi em um projeto que achava que ia arrasar e que não foi para a frente. Meu marketing ficou frustrado por não ter conseguido emplacar. Os vendedores não gostaram por não terem vendido o esperado. A diretora global de relações públicas veio me cobrar. Erros acontecem. Coloquei aquela conta em meu centro de custo, tive que me virar para que aquilo não se tornasse um dano tão grande e me desculpei com todos. Fiquei puta da vida comigo mesma? Fiquei. Mas não era culpa de mais ninguém. Pedir desculpas foi bom, e fomos correr atrás do prejuízo.

Fofoca é tóxica.
Cuidado!

Detesto fofoca. Empresa é um ambiente de disputa. E a fofoca nesses espaços acontece, geralmente, por três fatores:

- O primeiro ocorre quando você precisa se aproximar de algum grupo. No entanto, esse "instrumento" de falar alguma coisa a respeito de outra pessoa é algo que aproxima, mas também que afasta. Aproxima no momento em que os interlocutores têm um alvo em comum. E afasta quando um deles é o próprio alvo. Muitos acham que fofocar é uma maneira natural de conquistar aliados;
- O segundo fator se dá com a tentativa de "mostrar lealdade" a um superior. Nesse caso, a fofoca atua como forma de indicar ao chefe que tal pessoa está ao seu lado;
- O terceiro, por fim, está relacionado à inveja. É complicado lidar com isso. A pessoa tem inveja da capacidade alheia, de uma promoção, de um talento, e tenta destruir isso com fofoca. Esse é um dos piores tipos.

E, vamos combinar, fofoca normalmente não é uma verdade absoluta. Muitas vezes, há um monte de informação desencontrada embutida nela ou assuntos contidos nem sequer relevantes para o ambiente corporativo — e, por isso, é algo tão perigoso. Se alguém vem fazer fofoca para mim, já corto. Mesmo porque, como já disse, estou perto das pessoas, me integro, converso, sei o que está acontecendo. Entendo que ninguém é perfeito e que, vez ou outra, escapa uma fofoquinha. Contudo, temos que nos policiar para não fazer essa roda girar. Primeiro, não fazendo fofoca. Segundo, se recusando a ouvi-la. Se chegarem a você com aquele tom de "tenho uma coisa para te contar", corte na hora. Terceiro: se ouvir ou se souber de algo, não espalhe. Sempre se pergunte: "Isso é importante para a empresa? Tal pessoa está cometendo algo ilegal ou que atrapalhe o ambiente corporativo?". Se a resposta for não, fique na sua.

Separando as coisas

Em um ambiente corporativo, frequentemente algo pode ir de encontro ao que você acredita ou pode desagradá-lo. E precisamos entender que, na maioria das vezes, isso acontece porque estamos lidando com pessoas, cujos pontos de vista podem ser diferentes. E não é por isso que o outro se torna um inimigo.

Ultimamente, tanto no espaço corporativo quanto no ambiente social, em especial nas redes sociais, qualquer tipo de discordância vem seguida de ares de inimizade. Às vezes, até de guerra. Parece que duas ideias diferentes não podem coabitar, o que é perigoso.

Todavia, essa minha maneira de ver as coisas veio com a maturidade, admito. E essa maturidade é um alívio. Até mesmo quando o caminho parece enveredar para algo pessoal, consigo separar e não guardar rancor ou nutrir aquela raiva que nos deixa amargos. Sempre acreditei que rancor dá câncer. Por isso, estou fora.

Deixo aqui registrado que, no trabalho, manter essa postura de saber equilibrar as coisas e de entender as diferenças faz com que você se torne uma figura especial. Muita gente me procura para pedir conselhos e opiniões — ainda que o assunto não diga respeito diretamente a mim. Acredito que isso ocorra justamente em função de meu posicionamento. Não vou guardar "raivinhas".

Tento ao máximo não levar nada para o lado pessoal. E essa atitude constrói outro tipo de confiança.

As pessoas que trabalham comigo sabem: se discordam de mim, ouço; tento entendê-las, procuro outras posições e posso mudar de ideia tranquilamente. E, mais do que isso, elas entendem que podem discordar de mim sem que eu fique ofendida.

Saber se posicionar
é muito importante

O que direi agora pode parecer cruel: no mundo de hoje, de nada adiantará ser a pessoa mais genial do mundo se não souber se posicionar de maneira clara. Sim, o talento e a inteligência, nesta época tão conectada e ligada ao exterior — e, vamos admitir, a algumas futilidades —, são importantes, mas saber se expor também. Entendi isso há cinco anos. Compreendi que precisava melhorar a forma de me posicionar. Contratei uma fonoaudióloga, que também é professora de pilates. Sua abordagem tinha um ponto de vista linguístico, e ela vinha em casa dia sim, dia não, das seis às sete da manhã. Era o horário que eu tinha livre e, como sabia que seria importante, me forcei a acordar ainda mais cedo para estar pronta às seis em ponto. Começávamos fazendo um pouquinho de pilates e depois exercícios vocais, com técnicas para melhorar minha emissão de voz no cotidiano. Precisava falar melhor, ser mais altiva. E entender que há uma linhazinha no centro de minha cabeça me puxando para o universo. Minha postura perante o mundo mudou.

Tenho um senso crítico sobre mim muito alto. Tão alto que, por vezes, pode atrapalhar. Contudo, no geral, ser autoconsciente dessa maneira me faz querer melhorar. Sempre faço uma recapitulação de reuniões, de coisas que aconteceram no dia. Muitas vezes, nessa avaliação, penso: "Hoje eu fui uma merda naquela apresentação, tenho que melhorar. Eu simplesmente tenho".

E não há problema algum em se sentir uma merda, mas não podemos ficar atolados nela. Devemos ter consciência de nossas faltas e buscar aperfeiçoamento. Carrego em minha mente que não preciso ganhar todas as batalhas, mas, nas batalhas que escolhi lutar, tenho que me sair bem. Partindo disso, escolherei as armas, que são minhas competências.

Adoro falar de negócios, de varejo, de vendas. Porém como tratarei disso com superiores estrangeiros que não entendem bem a realidade do Brasil? Então, me preparo. Estudo. E apresento as informações de maneira objetiva, sem que isso seja chato.

Neste nosso papo (gosto de pensar que este livro é uma conversa entre nós), já disse que, por ser mulher, sou encarada com desconfiança e tenho que provar ainda mais do que sou capaz. Portanto, temos que levar em consideração que, infelizmente, só por não vestir terno e gravata, preciso me posicionar com ainda mais força. Além da competência, preciso ter minha oratória em dia para que possa explicar o que é necessário ao investidor do alto de meu salto e com minha saia colorida. Para captar sua atenção, criar uma conexão e demonstrar que sou tão boa, ou até melhor, do que o engravatado, trabalhei minha postura. Quero ser a melhor para convencer meu interlocutor a me dar a grana para um projeto em que acredito. Estou lá para isso.

É essencial entender as regras do jogo. No momento em que você as compreende, já está com meio caminho andado. Por ter uma posição importante no varejo, noto que preciso ser expressiva, que minha imagem é relevante.

Meu conselho é: explore o que é forte em você e aprimore as habilidades necessárias. E, claro, esteja sempre cercado de pessoas que o completem — e não somente que pensem igual a você.

Provando meu ponto
e a relevância da segurança
do discurso

Como já disse páginas atrás, de uma coisa sempre entendi, que foi um alerta dado por meu pai: devido à cor de minha pele, preciso provar mais. É triste? Sim. É absurdo? Sim. Contudo, não posso congelar por isso. Então, sempre fui atrás do diferencial, daquilo que faria eu me destacar.

Exemplo disso vem de uma experiência que tive em uma das empresas em que trabalhei. Havia sido eliminada do processo de seleção para o cargo, pois eles tinham escolhido os dois últimos candidatos. Todavia, o *headhunter* insistiu muito para que o presidente me recebesse. Lembro que teria apenas trinta minutos para conhecê-lo, mas que já estava decidido que o cargo não seria meu. Ok. Quando comecei a falar com ele, os trinta minutos passaram e viraram duas horas de conversa. Era uma quarta-feira. Na sexta-feira, fui convidada para o cargo. O que mudou? Certamente, a percepção que tiveram sobre mim. Afinal, meu currículo e minha história eles conheciam. No entanto, me apresento com segurança no que acredito e sei transformá-la em discurso.

No *C-Level*, é importante fazer essa conversão em uma apresentação de negócios. Aliás, faço isso muito bem. Ou seja, em uma conversa mudei a ideia que tinham de mim. A forma como destaquei todos os eventos importantes em minha vida profissional, e como isso levou o processo seletivo para outro degrau, foi fundamental. Claro, existe uma questão muito forte e importante (e que não depende tanto de nós): a empatia. Se não houver empatia, é difícil conseguir algo. Existe uma conexão que vem dela, do humano, que faz você querer trabalhar com alguém ou não. E olhe para nós, aqui, falando novamente do humano, da humanidade. Sobre não sermos máquinas e sobre sentimentos. Só caminharemos para a frente quando aceitarmos isso como um privilégio, e não como um problema. Reafirmo a relevância de saber transmitir segurança em nossa fala. Se isso não for natural para você, treine. É preciso de ajuda externa para aflorar o que se tem de melhor e não se sabe explorar. A empáfia da perfeição é um dos principais obstáculos para um profissional, seja de qual área for. Ninguém é perfeito, e um dos maiores trunfos é aceitar isso e se aprimorar. Ninguém tem que ser intocável, irretocável e inatingível. Colocar os pés no chão é uma ótima maneira de começar a trabalhar para alcançar o ponto mais alto de seus sonhos.

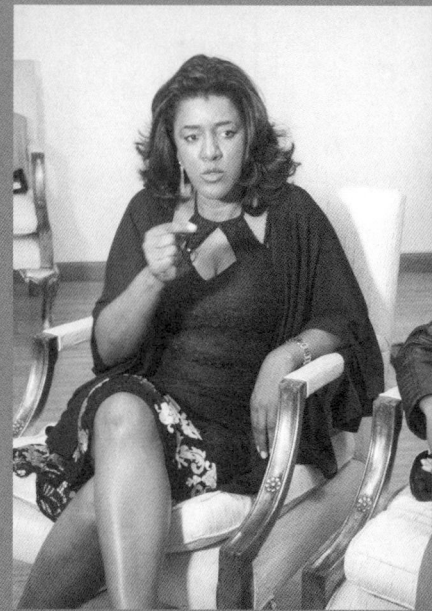

Nas entrevistas para a TV, por exemplo, as técnicas para melhorar a postura e a emissão de voz ajudaram muito.

Fotos: Guilherme Samora

Qual a primeira
impressão que você
passa para o mundo?

Não tem jeito, vivemos em um mundo onde a aparência conta muito. Ponto. A área dos negócios, como já falei antes, pode ser bastante cruel em relação a isso. E, quando aceitamos entrar nesse jogo, é necessário estarmos atentos. Basta analisar minhas fotos em cada um de meus cargos: me vestia de acordo com eles. Claro que, tudo isso, dentro do que gosto e me sinto confortável. Não dá para fazer o personagem do terninho cinza, como desejavam que eu fizesse, e me anular. Mas, ao mesmo tempo, existe certa adequação para cada local. É essencial perceber com sensibilidade o ambiente em que se está.

Em minha última experiência como CEO, estava no universo têxtil, fashion, e tinha que, óbvio, de forma prazerosa e genuína, prestigiá-lo. E essa adaptação não pode ser falsa, como justificarei a seguir.

Acreditar é importantíssimo. Já disse "sim" para coisas e para projetos em que não acreditava e me dei mal. Foi um "sim" sem vontade, sabe? Ou seja, a adaptação não foi verdadeira. Pois bem, e aquilo me fazia sofrer. Quebrava a cara.

Vale ressaltar ainda que existe diferença entre não acreditar em um projeto e duvidar de sua capacidade para geri-lo ou fazer parte dele. Se você acredita no projeto, porém duvida de sua capacidade, avalie e se reavalie. Já duvidei bastante de mim. Muitas vezes tudo me parecia distante demais.

Falando por meio de uma metáfora: em incontáveis situações, achei que o sapato era maior do que meu pé. Então, coloquei um algodão e fui! E brilhei no salto. Quando duvidei ou ainda duvido de mim, tento entender o que aquilo representa. No fim, a dúvida geralmente é pelo mesmo motivo: saber que preciso de mais conhecimento para alcançar aquela meta. Vou, portanto, atrás desse conhecimento. E do crescimento.

Celebre suas vitórias

Conquistas são importantes. Celebrá-las também. Tenho uma satisfação enorme quando venço, quando consigo, quando um projeto dá certo. Gosto de brindar minhas vitórias e tive que aprender a fazer isso. É uma dificuldade para as pessoas, principalmente quando se está no nível das cadeiras mais importantes, comemorar as coisas boas. Parece que o mundo só gira em torno do que não está dando certo, de cobranças e de números. Sem celebrações, no fim, parece que tudo se resume a isso.

Precisamos aprender com o pessoal que vai ao happy hour! Isso é fantástico. Crio grupos com presidentes e executivos e, neles, sou a louca da celebração. Proponho saídas, as pessoas entram na vibe e começam a gostar daquilo. Nem que seja um pequeno encontro para brindar. Um jantar, um almoço. Desse modo, acabei me tornando uma referência, praticamente a presidente das comemorações.

Se não há razão para comemorar, se está tudo muito pesado, pronto... já encontramos o motivo para o encontro: vamos deixar esta vida mais leve! Um dia desses, meu grupo de meninas foi lá em casa e rolou de tudo: de papo de personal trainer tântrica à melhor receita de risoto, passando por como o filho estava dando trabalho na escola. Poxa, ali pulsa um coração. E é preciso extravasar.

Centrada

Mesmo com toda a autocrítica, com toda a cobrança que coloco em cima de mim própria, sinto orgulho de minha trajetória. Poxa, trabalho muito, me esforço, vou atrás, então, quando algo dá certo, me permito um afago. Um carinho. Dizer a mim: "Você chegou lá!".

Alguns orgulhos são maiores do que outros. Alguns são um gozo interno de satisfação. Bem diferentes mesmo. Quando entendi o barato do mercado de luxo, quando compreendi que gostava daquilo tudo, foi algo um pouquinho mais carnal. O ego adorou.

Havia alguma coisa muito forte em minha forma de pensar: "Chega esta negona, que destoa do considerado padrão nesse universo, e passa uma mensagem diferente para o mercado. É o mesmo que falar: 'Olha, está vendo? Dá! Vamos lá, sejam mais abertos. Sejam mais diversos. Abram a mente'".

Me ver em revistas, fazer capas importantes, também dá uma inflada no ego, admito! E receber um feedback na rua, por mais que não esteja habituada, é outro momento em que penso que algo bom está sendo construído.

Recentemente, fui convidada para ser a embaixadora de uma marca de carros muito famosa e prestigiada no mundo todo. Fui a lançamentos nos Estados Unidos a convite da empresa. Por fim, isso tudo move dois lados: um que me dá orgulho de minha trajetória e de ajudar a construir um caminho para a diversidade; e um que me coloca em contato direto com o ego, o que é perigoso. Por isso, sei que preciso voltar às origens o tempo todo. Preciso me lembrar de onde vim e ter sempre em mente meus valores não só por mim, mas por aqueles que se inspiram em minha história. Nessa caminhada, minha família é um de meus pilares. O outro é a crença em algo maior.

A chegada de Pedro

Nunca me esqueço. Foi em dezembro de 2019 quando aquele bebê, aquele menino de sete dias, entrou pela porta de minha casa. Depois de tanto tempo na fila de adoção, de tanto lutar, Pedro Antônio chegou. Entrou para a família depois de concluído um processo que em momento algum gerou qualquer dúvida em mim de que desejava aumentar minha família.

Foram quatro anos de espera até receber o telefonema que me daria tanta alegria. Enquanto termino de escrever este livro, meu bebê está perto de completar um ano. Admito, não é fácil conciliar maternidade e carreira. Muita gente, e isso não é segredo, vê nos filhos um fator limitante. Ou seja, como mulher e mãe, temos que provar ainda mais nossa competência. E, além de tudo, precisamos nos confrontar o tempo todo com alguma culpa ou com questionamentos em relação à criação de nossos filhos.

Neste 2020 tão estranho e desafiador, tivemos que lidar com a pandemia. Muito de meu trabalho está sendo feito em casa e, como grande parte dos pais, cada vez mais sou requisitada por minha filha, principalmente no que diz respeito a seus estudos.

Mas uma coisa digo: não trocaria nada pela emoção de ver minha menina com meu menino no colo. Não trocaria nada pela emoção de sentir minha casa e meu coração cheios.

Fotos: Cauê Moreno

Em casa, com Sarah e Pedro.

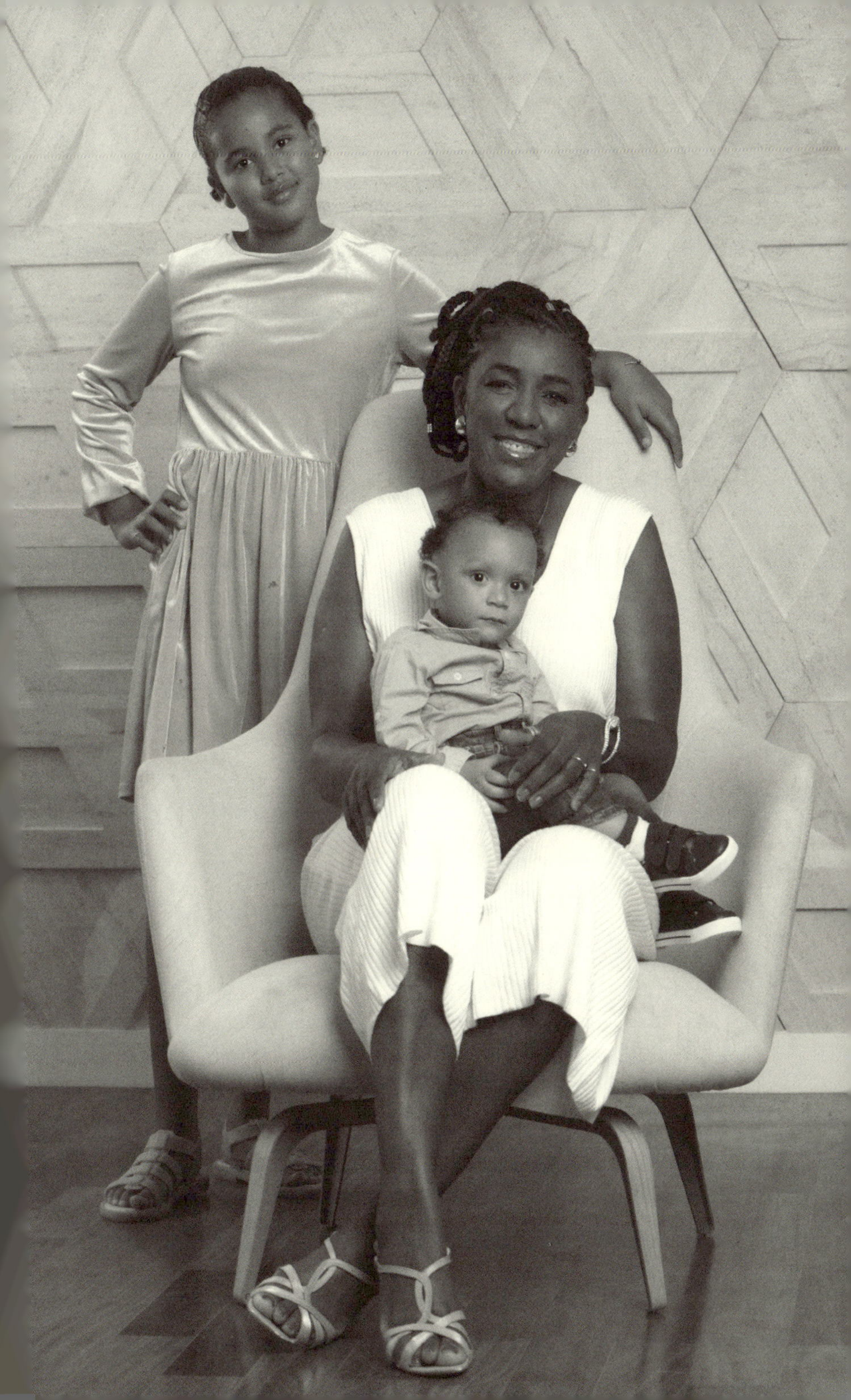

Pés no chão: a família

Preciso voltar um pouco no tempo e falar mais de minha origem, do que me conecta com a Raquel, o nome que meus pais escolheram. Como já disse, minha casa era bem humilde. Era uma alegria, não me lembro de astral triste ou algo assim. Nada faltava, mas, ao mesmo tempo, em alguns dias, o almoço se resumia a apenas um panelão de polenta. A despeito da falta de outros alimentos nessas ocasiões, é preciso dizer que a polenta da minha mãe é a melhor do mundo. Tínhamos couve e legumes plantados no quintal. Ela fazia um refogadão, e aquilo virava o manjar dos deuses. Até hoje amamos polenta. Quando minha mãe faz angu, corro para lá. Feijão era sempre no caldeirão. Era algo que rendia e alimentava muitas bocas.

Meu pai é praticamente um dos fundadores do bairro. Adoro quando ele conta histórias antigas que me levam a um lugar de origem que não vivi, ao início do bairro. Trata-se de uma das coisas que fazem funcionar aquele meu pilar, aquele centro que mencionei. Por isso, decidi deixar aqui registrada uma dessas histórias de seu Antônio:

"Quando cheguei aqui, no começo dos anos 1960, tudo era mato. Não tinha nem energia elétrica. A iluminação era com lamparina no começo. Aqui mais parecia um sítio, criei até galinhas, além de ter nossa horta. Parei de ter criação quando os vizinhos começaram a chegar e tudo virar mais 'cidade'. Lembro que chegamos, e demorou alguns meses ainda para que a energia fosse instalada. A água encanada levou mais tempo ainda. Então, a gente furou o poço para poder ter a nossa água. E a esquentava para tomar banho quente. E olha que estamos falando de São Paulo nos anos 1960. Não é tão distante. Carro, por exemplo, eu só tive em 1974, já com meus sete filhos. Quando eu chegava à tarde, todo mundo corria para o carro e a gente ia dar uma volta."

Lembro como se fosse hoje dos passeios de carro! Eram muito especiais. Outra grande lembrança era a data do pagamento de meu pai. Era o dia da alegria. Naquela ocasião do mês, íamos ao parquinho, tomávamos um sorvete e brincávamos.

Em casa, se comprasse alguma bolacha, um doce ou algo fora do comum, tudo tinha que ser dividido entre todos. O quintal era todo de terra. Nos sentávamos no chão e passávamos a tarde brincando de boneca. Minha mãe me ajudava a costurar as roupinhas delas com minha irmã Sandra. A única diferença dessa brincadeira para a de hoje é que as bonecas eram sabugos de milho! Os sabugos de milho não têm aquele "cabelinho" em cima? Então! Eles eram nossas bonecas, vestidos lindamente com as roupinhas feitas de sobras de tecido. Podíamos não ter boneca comprada na loja, mas sobrava imaginação e carinho.

Por falar em carinho, muito de minha estrutura — e de minha gana de querer desbravar o mundo — vem do jeitão de meu pai conosco. Ele sempre ficou muito em cima, sempre cuidou muito. Tinha um nível de exigência alto até para a época.

A verdade é que apenas conseguíamos entortar um pouquinho esse caminho na época do Carnaval, quando éramos adolescentes.

Meu pai também gostava da festa, então ele nos liberava para ir aos bailes — ele nos levava e buscava. Eu já dava sinais de que seria mais saidinha. Não que minhas irmãs sejam santas! Longe disso. Mas como só posso falar por mim, lembro que muitas vezes saía com roupas curtas, mas escondida de meu pai. Minha mãe ficava nervosa:

"Como ela é a mais nova, acho que teve alguns privilégios. Até pelos tempos, que vão mudando mesmo. Muitas vezes, por causa do trabalho, meu marido passava uma semana, quinze dias fora, e eu tinha que dar conta. Ficava aqui com eles. Mas, nessa época em que o pai não estava em casa, a Rachel abusava mais das roupas. Lembro que quando ela ia para a casa da minha irmã, de short curto pela rua, alguns homens desrespeitosos buzinavam, mexiam com ela. E ela xingava muito! "Vai atrás da sua mãe", ela dizia. Palavrão ela não falava na minha frente, mas quando eu não estava acho que devia soltar alguns também. Pensando hoje, com essa história de roupa, eu era mais liberal que meu marido. Mas ficava no pé de todo mundo. Todos eles. Eu tive os sete de parto normal e fui uma mãe muito presente. Me desdobrava, mas dava conta. Com tantas lembranças, vou contar uma história que aconteceu comigo e que muita gente vai ficar espantada: como eu tinha sete filhos e alguns familiares em casa, uma ex-patroa minha apareceu e queria que eu desse uma de minhas filhas para ela. Recordo bem da conversa:

— Você já tem muitas crianças. Me dá a Silvana que eu vou criar como filha. Ela vai poder ter oportunidades na vida.

Eu só pude responder:

— De jeito nenhum! Meus filhos também vão ter oportunidade de estudar e vão ser alguém na vida. Essas coisas marcam a gente. E por isso sempre pensamos que eles tinham que ter estudo. Tinham que adquirir conhecimento. Conhecimento e educação não podem ser um privilégio de uma classe ou outra. O mundo só vai ser bom quando todos conseguirem ter conhecimento."

Como é possível notar, muito do que sou hoje vem de meus pais. Foram incontáveis as ocasiões em que vi minha mãe lavando um monte de roupas no tanque, sem máquina nem alvejantes ou produtos caros. Até mesmo a roupa ela tratava com carinho e amor, justamente por não poder fazer ou comprar novas o tempo todo. Elas precisavam durar. Quando uma filha crescia, passava a roupa para a outra. Os macacões de meu pai eram um terror! Vinham todos sujos e saíam do varal como novos. Hoje em dia, jogo a roupa na máquina e do jeito que sair, saiu!

E o tanto de vezes que ela ia a uma cooperativa da empresa em que meu pai trabalhava — onde eram vendidos produtos e alimentos com um preço melhor para funcionários — e voltava, de ônibus, com a sacola de compra na cabeça?

É lindo ver no rosto de meus pais que eles fariam tudo de novo. É natural que eu queira visitá-los todos os fins de semana que puder. É legítimo que eu volte ao bairro onde cresci para passar as festas de fim de ano.

Irmãos: entre Silvana, Sandra, Márcia, Evaldo e Iolanda.

Com minhas irmãs, Silvana, Sandra e Márcia, no almoço de domingo na casa dos meus pais.

Fotos: arquivo pessoal

O fim e os recomeços

É muito difícil falar sobre a perda de pessoas que sempre estiveram em sua vida, em sua história. Nunca soube o que era viver sem minha mãe, sem minha irmã. E o fato é que, enquanto estava terminando este livro, elas partiram. Recentemente, se foi nossa mãe, aquela mulher guerreira que descrevi nestas páginas. Dois meses antes, partiu sua filha primogênita, minha amada irmã. Um furacão passou por nossas vidas. Quando tudo isso acontece, não entendemos como é que se continua. Elas sempre estiveram lá... Como pode ser uma vida sem elas? Se você chegou até aqui comigo, sabe que minha trajetória é feita de família. De casa cheia, de amor, de comida, de gente ao redor da mesa. E minha mãe sempre foi a rainha! O que eu fiz para suportar isso? Não havia outra saída senão aceitar e ter fé. Fé e esperança. Sei que é difícil, mas somente a fé despertará a esperança para continuar firme nesta jornada. Acredito que viver o luto, colocar para fora a dor e depois seguir em frente é o melhor caminho.

É emocionante deixar, nesta obra, imortalizadas as palavras de minha mãe. Tudo o que escrevi sobre ela, quando ela ainda estava por aqui, permanecerá do jeito que está. Sei que, se em algum momento estiver com muita saudade, e isso acontecerá com frequência, encontrarei aqui um pouco de seu amor e de suas palavras.

O ano de 2020 marcou também minha saída da Lacoste. Acredito que já tenha trilhado boa parte de minha jornada no universo corporativo. Chegou a hora de retribuir tudo o que aprendi, de formar outras mulheres (e homens, por que não?), de impactar ainda mais os jovens da periferia por meio do Capacita-me e de outros projetos, de me sentar em cadeiras de empresas que procuram meus conselhos e de dar consultoria no mercado varejista.

Sou grata por todo o período vivido na Lacoste, por ter conhecido mais a fundo o mundo da moda, pela visão das passarelas, do fashion show. Contudo, minha vontade agora é poder colaborar de forma mais abrangente com a sociedade. De alçar novos voos.

E, quando achei que 2020 já havia acabado, recebi o prêmio de Líder do Ano, da revista *Exame*. Uma grata surpresa.

No fim das contas, podemos ser surpreendidos, as coisas podem mudar. Todavia, se há algo que nunca mudará é o fato de eu ser a mãe da Sarah e do Pedro, a irmã mais nova de seis irmãos e a FILHA da dona Maria e de seu Antônio.

Nosso último Ano-Novo com minha mãe: noite de 2019 para 2020.

Arquivo pessoal

O que me move

Tudo o que consigo na vida passa muito por minha fé. É quase uma dependência. Acreditar em Deus, em uma energia maior, é algo que me faz ter forças para seguir meu caminho. Eu rezo, preciso disso para me sentir mais segura, para ser capaz de realizar meus melhores feitos. Fui criada no catolicismo, e sempre frequentamos a igreja do bairro. A frequento, aliás, até hoje. Ela me conecta com algo de raiz, me lembra muito de onde vim e me ajuda a ter os pés no chão. Ajudo nas festas da igreja, faço faxina lá e já ensinei catequese. Alguns de meus melhores e mais próximos amigos são padres. O padrinho de minha filha é o padre Magal. É um cara fantástico, alguém que sempre está cuidando e se dedicando ao próximo. Sua importância em minha vida é imensa. Por isso, ele falará um pouco sobre nossa proximidade:

"Desde o meu primeiro ano de seminário eu já conheci a Rachel. Vim a São Paulo para estudar e tive contato com ela por intermédio de um padre amigo em comum, o Rafael, da paróquia do bairro da família dela. Conheci a Rachel fritando um pastel na barraca da festa da paróquia. Nem imaginava que aquela moça tão real, tão próxima, era essa pessoa poderosa. Me encantei, e começou a amizade. O que mais me marcou nessa caminhada que temos juntos é que, ao sair do seminário e sem família aqui, acabei indo para uma paróquia que não tinha casa, e ela me acolheu. Morei com ela por seis meses. Nessa época ela engravidou da Sarah e vivi tudo de perto. E, para minha alegria, me tornei o padrinho dela. Eu acho muito bonita a fé da Rachel."

Essa minha fé tem algo de combustível para minha vida. Muitas vezes, quando a coisa está difícil, peço para Deus:

— Senhor, coloca o São Miguel aqui, diante de mim, ele que combate...

E é dificílimo eu perder a batalha, dificílimo! Mas tenho que estar atenta, pois Deus é educado. Ele bate à porta, não é invasivo. Você precisa querer ouvir, entender. Me conectar espiritualmente à minha crença é importante para me dar paz.

Outro padre especial em minha vida, o Rafael Ferreira da Silva, também tem algo a dizer:

"Eu a chamo de Raquel. A gente brinca que Rachel é a pessoa jurídica, e a Raquel é a pessoa física. Eu conheci a Raquel em 2008, ligada à atividade comunitária da paróquia. Ela sempre trabalhou com adolescentes, fazia os treinamentos da crisma. Isso mostra a conexão e o jeito que ela tem com as pessoas, sua personalidade agregadora e de liderança. Ela sempre foi assim. E é desse modo em qualquer cenário. Já saímos em retiro espiritual com trinta, quarenta jovens — bem naquela idade do auge de rebeldia, de adrenalina, de hormônios —, e fazer com que eles tenham uma experiência espiritual, uma experiência profunda e bacana, é muito complexo. E Raquel é mestra nisso! Sem sua ajuda e seu jeito de líder nata e ao mesmo tempo acessível, que faz com que todos a respeitem, seria impossível. Houve uma vez, quando ela já estava trabalhando com o mercado de joias, que a gente precisava preparar um teatro na paróquia e teve que limpar tudo. A Raquel foi a responsável por lavar o banheiro, e para mim isso mostra uma característica de sua personalidade que torna sua trajetória ainda mais louvável. Seu trabalho em comunidades carentes também é algo muito importante."

É verdade, fui bastante ativa entre os Vicentinos por oito anos — como já mencionei aqui, fui de secretária a presidente da associação Vicentina. E vale relatar algo que vivi nessa época, ao conhecer uma família que me marcou profundamente, cujos membros moravam em um barraco de aproximadamente 1,5 metro × 2 metros, com três paredes feitas de compensado remendado e a quarta parede constituída pela encosta do morro. A entrada da casa era em uma pequena ponte estreita que passava em cima de um dos córregos daquela comunidade.

A Solange, mulher negra, linda, com seus trinta anos, cheia de estilo e altiva, era a dona da casa e mãe de oito filhos. Minha cabeça chegava a doer só de pensar em como eles podiam dormir, todos ali, naquele pequeno quadrado à noite. Todo mês eu levava uma cesta básica para ela. Sabia que não deveria durar mais de uma semana, e esse foi um de meus mais profundos sentimentos de impotência da vida adulta. De não ser capaz de fazer muito para mudar realmente aquela situação. Por isso, em nome do que não pude fazer pela Solange, espero poder ajudar, de alguma forma, a partir do trabalho na base, a transformar a vida de outras pessoas que não enxergam um futuro tão iluminado pela frente.

Além disso, em razão do sentimento que a Solange me plantou, espero que este livro te ajude em algo, que te inspire a conquistar seus sonhos. Ou que, simplesmente, possa trazer um momento agradável de leitura.

Em dois momentos distintos: acima, tirando fotos com participantes de uma palestra que realizei em São Paulo. Na outra imagem, com a turma da igreja, celebrando o dom da vida no Residencial Palmares, na casa da Tânia e do Luiz. Amo o arrozinho com feijão e o churrasco que a Tânia faz sempre que apareço por lá!

Posfácio

Um de meus maiores sonhos, agora que estou terminando de escrever estas memórias, é o de que este livro se torne obsoleto. De que possa estar, um dia, em uma daquelas prateleiras de biblioteca sobre algum cenário histórico que não existe mais. Explico: só me permiti escrever tudo o que vivi até aqui depois de tanto ouvir que tenho uma história "extraordinária".

Vamos ao dicionário: nele está registrado que o significado de *extraordinário* é algo excepcional; que não é do costume geral; raro. Justo eu, que sempre me considerei "uma pessoa comum, uma filha de Deus", como diz a música de Rita Lee. E, sabe, sonho com o dia em que encontrarei frequentemente CEOs, executivas, presidentes etc. que sejam mulheres, negras, que ralaram muito para chegar aonde estão, mas que chegaram lá!

Penso muito no dia em que não vão mais me "olhar diferente" por estar entre tantos homens, brancos, engravatados, em uma reunião de alto escalão. Luto, escrevo este livro, para que minha realidade como CEO não seja mais extraordinária. Por isso, ao colocar um ponto-final nesta obra, desejo, de todo o coração, que nossa realidade evolua, que ela seja mais diversa, mais colorida, mais respeitosa. Quero dizer a você que chegou até o fim destas páginas: acredite, siga o caminho, você também é uma pessoa extraordinária! E esta história não acaba por aqui…

Apêndice

Durante este livro, falei do quanto gosto de ir direto ao ponto. Assim, decidi deixar aqui um resumo da ópera para quem quiser consultar com mais facilidade alguns tópicos relacionados àquilo que relatei, que envolve características de minha vida profissional relacionando-as com as da vida pessoal.

É difícil dar conselhos, então não penso nos textos a seguir dessa maneira. Cada um tem sua vida e seu ponto de vista. No entanto, acredito que um exemplo, uma inspiração e uma luz possam ser extraídos de tantas experiências que vivi. Algumas coisas funcionam para mim, fazem sentido para minha vida e para aquilo a que me proponho. Outras, vieram apenas com a maturidade. Vamos a elas!

Agregar pessoas

O humano me interessa. A humanidade e o olhar para o próximo são essenciais para mim.

*

Ninguém se faz sozinho. Ninguém consegue vencer uma batalha sem seus aliados. O sucesso em uma posição de direção, de chefia ou de coordenação é bastante ligado a quem você escolhe para estar ao seu lado.

*

Não basta apenas escolher, é necessário agregar. Um profissional que confia em você, que se sente valorizado e parte do projeto, vai vestir a camisa com gosto.

*

Não posso ser uma pessoa distante, desconectada. Não posso ficar ali, fechada em minha sala, inatingível, e acabou.

*

Para mim, a sala ideal é aquela de vidro, em que todos podem te ver, e com a porta sempre aberta. Recebo todos, converso e tenho em mente que são todos seres humanos e que merecem oportunidades.

Respeitar o diferente

A diferença é vital para o negócio. Se me cercasse apenas de pessoas que pensam ou que são como eu, ou que tiveram a mesma formação que eu, estaria no caminho do fracasso.

*

Tenho sempre em mente: não posso me cristalizar, esquecer que lido com gente. E nunca posso me esquecer também de que cada pessoa tem uma visão, uma vida fora da empresa e uma personalidade. Esquecer-se disso é um dos principais erros de um profissional.

*

Partindo do princípio da diversidade no local de trabalho, escuto todos. Preciso de outros olhares. Tenho convicção de que muito do que dá certo vem do conjunto de ideias e olhares ao meu redor.

*

Se alguém defende algo diferente do que você pensa para um projeto, entenda: ele não é seu inimigo. Percebo que, muitas vezes, uma discordância que poderia ser saudável se torna uma guerra de egos desnecessária, o que coloca qualquer bom projeto em risco.

Chegar perto

Não basta ser um bom presidente e saber dos números, você deve ter inteligência emocional para perceber e sentir seu entorno.

*

Acredito que, por ter vindo da periferia, carregue a compreensão sobre as diversas dificuldades da vida na esfera social. Minha empatia com as pessoas faz, então, com que eu não consiga enxergar funcionários como meros números.

*

Sempre que posso, vou a happy hours com as equipes, organizamos cafés da manhã de integração e celebramos nossas conquistas.

*

Celebrar conquistas, aliás, é essencial. Muitas vezes, um bolinho e um "brinde" de café já fazem toda a diferença.

O que deve ser dito

A comunicação em um ambiente empresarial é importantíssima. As pessoas precisam entender os fatos claramente. Tudo o que é escuso, que não é claro, acaba deixando os funcionários inseguros e com uma sensação de que algo errado está acontecendo.

*

Na medida do possível, passe para sua equipe o que é relevante. É claro que não se pode compartilhar tudo com todo mundo. Existem limites que precisam ser respeitados. Algumas coisas, obviamente, devem ser guardadas só com você ou compartilhadas com poucos colaboradores. É essencial saber se organizar quanto a isso e entender em quem devemos e podemos confiar.

Organização é um caminho para o sucesso

É importante ter organização para alcançar objetivos. Sou a louca do checklist. Cabeça bagunçada é igual a uma gaveta em desordem: não achamos nada e perdemos muito tempo procurando.

*

Faço meu checklist três vezes ao dia: de manhã, com os objetivos do dia; durante a tarde, para ver se não estou me esquecendo de nada; e no fim do dia, para analisar o andamento de tudo o que estava planejado.

*

Passo minhas listas para cadernos com os objetivos diários, semanais, mensais. E vou marcando quando alcanço cada uma das metas. Mantenho os cadernos maiores em meu escritório e, na bolsa, uma caderneta, em que anoto tudo de forma resumida.

Não dá para prever tudo o tempo todo

Relaxe! Mesmo com seu checklist, não dá para prever tudo nem para seguir todo o planejamento à risca.

*

Faça de sua lista um instrumento para servir de guia e trazer a você bons resultados, não para gerar ansiedade.

*

A ansiedade, que acomete muita gente e já foi prejudicial para mim, é um problema que pode impactar diretamente os resultados.

*

Coloque na cabeça: se não deu para cumprir algo hoje, remaneje e faça da melhor maneira possível depois. Afinal, a pressa passa, e a porcaria fica.

Tudo bem ter dúvidas

Não existe fórmula de sucesso. Ter dúvidas em relação a algum projeto ou a como implementar algo é absolutamente normal.

*

Duvidar de si mesmo não é sinal de fraqueza nem é tão raro. Todo mundo passa ou já passou por isso na vida. E está tudo bem. Você só não pode deixar essa dúvida paralisar suas ações.

*

Na dúvida, estude, consulte seus pares, consulte mentores, leia sobre o que já foi feito no ramo. E só depois tome uma decisão.

Mudar o método

Quando coloco uma meta na cabeça, trabalho para alcançá-la. Faço de tudo para que aquilo aconteça. Muitas vezes, percebi que não chegaria lá e nem por isso alterei meu objetivo. Mudei, sim, meu método.

*

Por exemplo, no início de minha carreira, quando tentei ingressar em algumas empresas globais, certos *headhunters* me aconselharam a buscar instituições menores. Disseram que não me encaixava naquelas que eu tinha em mente.

*

A partir dessa negativa, eu os questionei, procurei saber o que teria que fazer para ter chance nas empresas globais que gostaria. E a grande questão era o inglês. Foi então que decidi ir ao Canadá estudar o idioma. Ou seja, mudei meu método, mudei o jeito de chegar ao lugar, mas não mudei minha meta. Continuei a lutar pela posição em que acreditava.

Correr riscos

Arriscar é uma palavra de ordem para mim. Não vou a lugar algum se me mantiver na zona segura, fazendo o que sempre foi feito. Para falar a verdade, não sou muito chegada em águas calmas. Gosto de desbravar, de tentar o novo.

*

Costumo dizer que, de dez projetos arriscados, nove não darão certo ou não serão tão marcantes. Mas aquele que for bem-sucedido será um estouro! Valerá pelos nove e por muitos outros. É aquele que trará orgulho, colocando-o em um patamar diferente.

*

Tanto para a vida quanto para meus projetos, mesmo os mais arriscados, gosto de ter uma base impecável: estudar, adquirir conhecimento e analisar cenários. É necessário entender ao máximo o que uma escolha mais arriscada pode trazer para o negócio naquele momento.

Não ter medo de: pedir desculpas, pedir ajuda e admitir que errou

"Errar é humano" é uma das máximas mais antigas. Ao mesmo tempo, o que há de gente que não admite erro... Já errei — muito —, e admitir o erro é o primeiro passo para consertá-lo ou para tomar outro caminho. Lembre-se: ninguém é perfeito.

*

Ao errar em um projeto em que apostei muitas fichas quando trabalhava com joias, não só admiti meu erro como pedi desculpas às pessoas que envolvi naquilo. E foi muito bom: todos trabalharam comigo, ao meu lado, para que o impacto fosse o menor possível, e conseguimos contornar de maneira satisfatória.

*

Peça ajuda. Seja humilde. Reconheça o que não sabe e peça auxílio. Seja de mentores, de funcionários com mais entendimento em algum tema ou cenário, seja buscando conhecimento em cursos, livros e estudos.

Transmitir segurança em sua fala e em sua postura

Boa presença é imprescindível. De nada adianta saber tudo, ter todos os números na cabeça, se você não conseguir colocá-los harmoniosamente na fala, em uma apresentação.

*

Durante minhas palestras, recebo muitos feedbacks — pessoalmente e pelas redes sociais — elogiando minha postura, dizendo que sei cativar a atenção. A postura e a segurança da fala são essenciais em minha vivência. E conquistei isso com muito treinamento. Portanto, se não for natural para você, treine. Precisei de ajuda externa para aflorar essa competência hoje tão comentada pelas pessoas.

A importância dos trinta primeiros minutos

Tenho uma teoria — provada diversas vezes em minha trajetória — de que os trinta primeiros minutos são essenciais. Se você não conseguir convencer sua audiência ou apresentar seu projeto nesse período, dificilmente terá sucesso.

*

Diria ainda mais: para mim, boas reuniões duram, no máximo, trinta minutos. Mais do que isso as pessoas tendem a ficar dispersas, e o foco começa a mudar. Pode reparar.

*

Tento sempre fazer reuniões focadas, com grupos específicos, e resolver tudo de maneira eficiente, indo diretamente ao ponto.

Dar os créditos

Como já disse, um bom projeto é o fruto da soma de ideias. Estas vêm de diferentes pessoas. E sou ótima em orquestrá-las e convertê-las em resultado.

*

Dito isso, quando o projeto decolar, dê os créditos. Parabenize quem pensou, quem executou. Ser justa é algo de que não abro mão. Isso, que deveria ser comum em um ambiente de trabalho, faz com que os funcionários e os colaboradores se sintam reconhecidos. E o reconhecimento é uma arma poderosa para estimular as pessoas.

*

Dar o devido crédito e não colher os louros da vitória sozinha, a meu ver, deveria ser natural. Mas, caso não seja, acredito que paulatinamente dê para aprender a ser mais aberto a isso. É um exercício diário de elogiar, de dizer às pessoas como as ideias delas foram boas.

Cadeira não tem gênero nem cor. É preciso ter alma

Ainda hoje ter que escrever sobre isso é uma tristeza para mim, mas, como estamos longe de atingir a igualdade, não custa lembrar: cadeiras (de presidência, de diretoria, de chefia) não têm gênero, não têm cor, não têm etnia.

*

Aqueles que consideram altos cargos essencialmente masculinos estão fadados ao fracasso. O que importa é a competência. E digo mais: a diversidade.

*

Se você é uma mulher e está em uma posição acima de muitos homens, não tente agir como mais um deles. Saiba que você está lá por seus méritos e coloque em prática o que acredita. Já tentaram me reduzir e me limitar a um terninho cinza, e precisei compreender que só consigo levar adiante um projeto sendo quem sou.

*

Saiba lidar com gente que pode tentar reduzir sua presença em função de etnia, de gênero, de estilo, o que for. Seja forte, se respeite, faça seu trabalho e não aceite a discriminação. Respeito minha essência: afinal, se fui chamada para atuar naquele cargo, é justamente por acreditarem em meu posicionamento e em minha competência.

Vivemos em um mundo cada vez mais conectado

Não dá para negar que a modernidade de um mundão tão conectado levou muitos negócios para cima e acabou com outros. Portanto, negar o impacto disso é algo impensável.

*

Desde que estou no mercado de trabalho, passei por diferentes fases dessa modernidade, e, atualmente, essas transformações pautam muitos de meus projetos e de minhas decisões.

*

A conectividade faz, em uma primeira instância, com que tudo seja mais rápido. E o tempo de maturação — ou duração — de um projeto um ano atrás era muito diferente da duração de hoje, que, por sua vez, será muito diferente no ano que vem. Não fique parada(o). Mude e aprenda com as transformações.

Saber adequar expectativas e planejamentos

Pensando na rapidez com que tudo muda, é importante saber adequar expectativas e rever projetos e metas. Ter "fórmulas imutáveis" é preguiçoso e perigoso para o negócio.

*

Recentemente, precisei adiantar em algumas semanas o andamento de um projeto por causa de uma percepção que tive de mercado e do futuro. Ter essa clareza, uma equipe disposta e a mente aberta para alterar um trajeto foram elementos essenciais.

*

O que deu certo para uma marca ou determinado lançamento, por exemplo, dificilmente vai se repetir se for reproduzido da mesma maneira em outro momento ou empresa.

Recomeçar sem medo e sem vaidade

Preciso do arrepio, da vontade de estar em um projeto ou em um negócio. Se isso começa a faltar, entendo que chegou a hora de procurar novos desafios.

*

Não posso ter medo do recomeço, mesmo que isso signifique um tempo afastada de uma cadeira.

*

Ao sair de minha segunda experiência no mercado de joias, fiz uma pausa, que foi um tempo essencial para mim. Mas isso não significa que fiquei parada. Estudei, dei palestras, iniciei este meu livro e coloquei projetos pessoais em andamento. Foi revigorante.

O equilíbrio entre o pessoal e o profissional

Quando estou no escritório, não deixo de ser mãe, filha, mulher... E, quando estou em casa, não deixo de ser uma profissional. Tiro o melhor proveito desses momentos.

*

Como mãe, me tornei muito mais atenta às pessoas, e isso me trouxe bons resultados nas empresas. Noto, com mais clareza, se alguém não está bem. E, muitas vezes, só por ter oferecido uma palavra amiga, mostrando que me importo, consigo ver certa melhora no humor de um funcionário.

*

Claramente, tento equilibrar bem meus diferentes mundos. Ter meu tempo focado em casa para meus filhos. Mas como deixar de resolver algo extraordinário do trabalho ou de atender a uma ligação urgente? O mesmo vale para o escritório. Se Sarah tiver algum problema na escola ou estiver doente, não poderei ignorar. A mesma coisa vale caso o Pedro tenha uma febrinha. Não adianta, portanto, querer ser uma máquina nem ficar maluca. Façamos isso da melhor maneira possível.

Viver, beijar na boca e passar tempo com quem ama

Tenho meus momentos de lazer. Por mais que não consiga ter aquela chavinha pessoal/profissional, consigo aproveitar bem meus momentos de descanso. Quando eu e meus filhos estamos juntos, por exemplo, é um tempo sagrado.

*

Gosto de ter noites só para mim. Gosto de sair, ir a shows, namorar, beijar na boca ou "fazer nada" em meu quarto, passar o dia deitada na cama. Reúno a família em festas, comemorações, com muita comida e música.

*

Boas ideias vêm dos momentos de descanso. Não conseguiria ter uma vida feliz c uma visão leve das coisas sem esse equilíbrio da balança.

Cauê Moreno

Este livro, composto na fonte Fairfield,
foi impresso em papel pólen soft 80 g/m² na gráfica Corprint.
São Paulo, fevereiro de 2021.